문학과지성 시인선 334

세상에서 가장 가벼운 오토바이

이원 시집

문학과지성사

문학과지성사에서 펴낸 이원의 시집

그들이 지구를 지배했을 때(1996)
야후!의 강물에 천 개의 달이 뜬다(2001)
불가능한 종이의 역사(2012)
사랑은 탄생하라(2017)

문학과지성 시인선 334
세상에서 가장 가벼운 오토바이

초판 1쇄 발행 2007년 6월 22일
초판 7쇄 발행 2024년 8월 20일

지 은 이 이원
펴 낸 이 이광호
펴 낸 곳 ㈜문학과지성사

등록번호 제1993-000098호
주　　소 04034 서울 마포구 잔다리로7길 18(서교동 377-20)
전　　화 02)338-7224
팩　　스 02)323-4180(편집)　02)338-7221(영업)
전자우편 moonji@moonji.com
홈페이지 www.moonji.com

ⓒ 이원, 2007. Printed in Seoul, Korea

ISBN 978-89-320-1785-3 03810

이 책의 판권은 지은이와 ㈜**문학과지성사**에 있습니다.
양측의 서면 동의 없는 무단 전재 및 복제를 금합니다.
지은이는 2005년 한국문화예술위원회가 지원한 문예진흥기금을 수혜했습니다.

문학과지성 시인선 334
세상에서 가장 가벼운 오토바이
이 원

2007

제 언어의 맨 처음에 계시는
오규원 선생님 영전에 바칩니다

시인의 말

걷는다
달린다

그리고
다시 밤이 온다

2007년 6월
이 원

세상에서 가장 가벼운 오토바이

차례

시인의 말

제1부

사막에서는 그림자도 장엄하다　11
나이키 1　12
나이키 2　13
나이키―절벽　14
몸 밖에서 몸 안으로　16
즐거운 인생―창세기　19
아파트에서 1　22
아파트에서 2　23
아파트에서 3　24
오토바이　25
퀵서비스맨　27
모래의 도시　29
주유소의 밤　30
밤의 놀이터　31
폭주족들　32
영웅　33

제2부

사랑 또는 두 발 39
한 여자가 간다 40
쇠 난간에서는 비린내가 난다 41
중심을 지운 것들은 전신이 날개다 42
비닐봉지가 난다 43
매트리스, 매트릭스 44
자궁으로 돌아가려 한다 45
거울을 위하여 47
나는 그러나 어디에 있는가 50
얼굴이 그립다 52
거울이 달아난다 53
자화상 54
시간과 나에 관한 노트 55
뿌리들 1 60
뿌리들 2 61
뿌리들 3 62
나는 부재한다 고로 나는 존재한다 64
거울의 춤 66
소금 사막 69
한 남자가 간다 70
10×10cm 타일 71
길 73
집은 여행 중 74

제3부

얼굴 속으로 77
얼굴이 달라붙는다 80
거울이 얼굴을 뜯어 먹는다 82
낮에는 햇빛이 낯설다 83
버스 정류장에서 만난 다섯 소녀 84
삼면화 88
검고 불룩한 TV와 나 90
마우스와 손이 있는 정물 92
닫힌 것들 94
3월 98
새에 관한 일곱 개의 이미지 102
고스트 월드 107
광화문에서 110
길, 오토바이, 나이키 111
얼굴이 달린다 112
방에 관한 노트 113
꽃의 몸을 찾아서 117

해설 | 살아 있는 모든 것들은 어둠 쪽으로 깊어진다
_문혜원 119

제1부

사막에서는 그림자도 장엄하다

이른 아침 교복을 입은 남자 아이가 뛴다 바로 뒤에 엄마로 보이는 중년의 여자가 뛴다 텅 빈 동쪽에서 붉은색 버스 한 대가 미끄러져 들어오고 있다 아직도 양수 안에 담겨 있는지 아이는 몸이 출렁거린다 십수 년째 커지는 아이를 아직도 자궁 밖으로 밀어내지 못했는지 여자의 그림자가 계속 터질 듯하다 그러나 때로 어두운 것은 아름다운 것이다 아니 때로 아름다운 것은 어두운 것이다 그림자는 몸을 밀며 계속 어둡다 깊다 무슨 상징처럼 부풀어오른 검은 비닐봉지가 그림자 안으로 들어간다 그림자와 함께 간다

나이키 1

한 무리의 아이들이 자신들의 그림자가 달라붙어 있는 벽을 향해 뛰어간다 입을 항문처럼 오므렸다 폈다 하며 두 다리를 번갈아 들었다 내렸다 하며 뛰어간다 아이들의 그림자는 계속 벽을 밀고 있다 미끄러져 내리지는 않는다 길들은 벽을 피해 양쪽으로 갈라진다 물렁한 벽인 하늘이 녹아내린다 짓무른 길의 가랑이 속에서 그림자를 죽죽 늘이며 아이들은 함성을 지르며 뛴다 함성과 발소리가 아이들 앞에 순식간에 벽이 되어 선다 그러나 자궁을 찢고 나온 적이 있는 아이들은 속도를 줄이지 않는다 아이들의 몸에 하늘이 고름처럼 엉겨붙는다 아이들의 몸이 점점 더 불어난다 아이들은 자신들이 세운 벽을 뚫고 다시 벽을 세우고 다시 뚫는다 아이들은 진득진득하고 달콤하다 몸에서 떨어져본 적이 없는 그림자도 벽을 계속 밀어낸다 벽 위까지 튕겨 오르던 그림자는 벽을 뛰어넘지는 못한다 그러나 그림자는 벽 속으로 스미지 않는다 높고 가파른 벽 너머는 보이지 않는다 아이들은 벽 너머가 보이지 않기 때문에 뛴다

나이키 2

한 아이가 달려간다
오른팔은 땅을 향해 떨어지고 있고
(오른손은 손등을 보인 채)
왼팔은 팔꿈치가 살짝 안으로 꺾인 채 올라가 있고
(왼손은 손바닥이 보인 채)
오른쪽 다리는 앞으로 들려 있고
(오른발은 신발 뒤꿈치가 땅에 닿아 있고)
왼쪽 다리는 뒤쪽으로 높이 올라가 있고
(왼발은 허공에 들려 신발 밑창이 다 보이고)
단추를 목까지 채운 몸통이
LPG통처럼 덩그마니 가운데 떠 있고
땅바닥으로 그림자가 가스처럼 새어나오고
고개를 약간 쳐든 얼굴은
하늘 쪽으로 둥둥 떠간다

여섯 조각으로 해체된 아이
발은 나이키가 꼭 조이고 있다

나이키 — 절벽

와와와 아이들이 폭우가 쏟아지는 광장으로 뛰쳐나온다 여기는 지구다 달걀 속이다 세찬 빗줄기는 위에서 아래로 내리꽂힌다 허공에서 바닥으로 쏟아지며 전속력으로 벽을 쌓는 순간 전속력으로 벽을 무너뜨린다 콘크리트 바닥은 무너진 세계를 받아들이지 않는다 무너진 벽을 탕탕 튕기며 아이들은 아래에서 위로 뛰어오른다 뜨거운 것에 데인 듯이 한자리에서 펄쩍펄쩍 뛰어오른다 아이들의 발은 벽을 폈다 접었다 한다 발에 벽이 들어 있다 아이들은 젖은 몸으로 빗속에서 뛰어오른다 아이들이 뛰는 곳 말고는 사방이 점점 더 어두워진다 아이들 발의 사방이 어두워진다 한곳을 계속 뛰기 때문에 발아래가 깊어진다 깊은 것은 어둡다 야생이다 아이들의 발은 길의 끝이다 길의 시작이다 발소리가 깊어진다 절벽이 깊어진다 아니 절벽이 솟아오른다 절벽은 미어져내리는 깊이다 다시 솟구쳐오르는 날개다 온몸에 빗줄기를 화살처럼 꽂고 아이들은 숨구멍 하나 없는 하늘과 땅 사이에서 뛰어오른다 깔깔거리며 몸 밖으로 뚫린 눈으로 몸 안을 뚫으며 제자리에서 뛰어오르고 또 뛰어오른다 빗줄기는 절벽 아래까지 단숨에 내리꽂힌다 그 소리도 깊다 야생이다 아이들의 발소리는 몸 안에 벽을 쌓는 순간 벽을 무너뜨린다 내출혈로 절벽이 들끓는다

몸 밖에서 몸 안으로

새벽은 어둠의 녹슬어가는 몸이다 사람들은 이 몸을 희망이라고 믿는다 믿음은 오해일수록 좋다 믿음이라는 허방은 사방에 널려 있다

몸이 닿았던 자리는 썩어 들어간다 남김없이 썩어 들어간 허공을 사람들은 하늘이라고 부른다 높은 곳을 찾아가는 것은 하늘에 좀더 가까워지고 싶은 몸 썩는 냄새에 이끌리기 때문이다 사람들의 몸은 죽음이 썩히고 있는 삶이다 무엇이 간절해질 때 사람들은 잊었던 그 냄새를 찾는다

길은 몸이 낯선 곳으로 못 나

간다는 비명이다 사람들은 빈 땅마다 보도블록을 깔고 더 이상 그곳을 길이라고 부르지 않는다 그래서 불빛 아래 더 이상 길인 곳은 없다

죽음은 끝까지 관념이다 제 품에서 죽어간 몸도 마지막 숨을 넘기는 제 몸도 관념이다 관념을 벗은 몸과 만날 수 있는 유일한 순간에 사람들은 먼저 제 죽음을 만난다

몸이 썩는 것을 두려워한 사람들은 타일을 몸에 붙인다 사람들끼리 몸을 만지면 단단하고 미끄럽다

손은 바닥에 지도를 감추어 두고 있다 사람들은 만나면 서로 가장 은밀한 길을 맞대어 본다 그러나 서로의 길이 보일까 봐 손을 위아래로 세차게 흔든다 몸의 길은 쏟아지지도 뒤엉키지도 않는다

뼈가 필사적으로 붙들고 있어 살은 어두워지는 법이 없다 살이 어두워지려면 오랫동안 뼈와 함께 흐르는 물에 씻겨야 한다

입: 몸을 벗어버리고 싶은 간절한 구멍 몸: 입을 메워버리고 싶은 간절한 무덤

즐거운 인생—창세기

첫째 날 신은 빛과 어둠을 복제했다
빛과 어둠 속에는 신의 소유가 아닌 것들이 수두룩했다 순식간에 천지간이 있었다 달이 있고 해가 있었다 그 순간부터 불법 복제물이 성행했다 의외의 사태는 신이 보시기에 좋았다

둘째 날 신은 풍문을 복제했다
어디 할 것 없이 천지간은 풍문에 휩싸였다 유력한 진원지가 안개 구름 하수구 그림자 거울로 쉴 새 없이 바뀌었다 심심하지 않아 신은 보시기 좋고 놀기 좋았다

셋째 날 신은 짐승을 복제했다
전지전능했으므로 기분 나는 대로 복제해 천지간에 던졌다 머리 몸통 다리가 한 개에서부터 서른두 개까지 제각각이었으나 피비린내 나는 것들이 모두 여기에 속했다 우두커니 흙을 파먹는 것 서로 몸속을 파고드는 것 제 살을 쪼아 먹는 것까지 제각각이었으나

닮은 것들은 보자마자 서로 핥거나 울부짖었다

넷째 날 무허가 신들도 짐승을 복제했다
한밤이 되자 먹다 남은 흙과 휘발유와 신나와 소다와 방부제와 어둠과 우리밀가루를 섞어 반죽했다 무엇이든 듬뿍듬뿍 넣었다 신의 가까이에 고압 전류가 흐르고 있다는 풍문이 무성했으므로 짐승들은 하늘 쪽으로 머리를 들이밀었다 발아래가 풍성해졌으므로 신이 보시기에 좋았다

다섯째 날 신은 눈물을 복제했다
지난밤의 과음으로 목이 말랐기 때문이다 그날 이후 내내 신은 제 눈물을 받아 먹었다

여섯째 날 신은 인간을 복제했다
한참이 지나자 나침반이 동이 났다 인간 만들기에 흥이 난 신은 많은 수를 나침반을 넣지 않고 그대로 마무리했다 이들의 작동 버튼은 고의라기보다는 신의

실수로 눌러졌다는 풍문이 우세했다 몸에 나침반이 들어 있지 않은 인간들은 자주 길을 잃게 되었다

일곱째 날 인간은 새우깡을 만들었다
이것에서는 찝찔한 냄새가 났다 오래전에 죽은 영혼에 배어 있던 몸 냄새라고도 했다 누구나 이것을 먹으면 허기가 없어졌다

아파트에서 1

한 남자의 두 손이 한 여자의
양쪽 어깨를 잡더니 앞뒤로
마구 흔들었다 남자의 손이
여자의 살 속으로 쑥쑥 빠졌다
여자가 제 몸속에 뒤엉켜 있는
철사를 잡아 빼며 울부짖었다
소리소리 질렀다
여자의 몸에서 마르지 않은
시멘트 냄새가 났다
꽃 피고 새가 울었다

아파트에서 2

사람들이 층층의 정육점에서 뛰쳐나온다
갈고리가 몸의 여기저기에 박힌 채였다
몸의 지퍼를 올리지도 못한 채였다
그림자가 몸을 만들기도 전에
몸의 사방에 불빛이 대못처럼 박힌다
뛰어가는 그들의 몸속에서
쇠붙이끼리 부딪치는 소리가 난다
쇠붙이끼리 절거덕 붙는 소리가 난다

아파트에서 3

늙은 여자 여럿이
한낮의 아파트 주차장에 쭈그리고 앉아
그림자를 낳는다
어느 여자는 진득진득한 돌을 낳는다

오토바이

왕복 4차선 도로를 쭉 끌고
은색 오토바이가 굉음을 내며 질주한다
오토바이의 바퀴가 닿은 길이 팽창한다
길을 삼킨 허공이 꿈틀거린다
오토바이는 새처럼 끊긴 길을 좋아하고
4차선 도로는 허공에서도 노란 중앙선을 꽉 붙들고 있다

오토바이에 끌려가는 도로의 끝으로 아파트가 줄줄이 따라온다
뽑혀져 나온 아파트의 뿌리는 너덜너덜한 녹슨 철근이다
썩을 줄 모르는 길과 뿌리에서도 잘 삭은 흙냄새가 나고
사방에서 몰려든 햇빛들은 물을 파먹는다
오토바이는 새처럼 뿌리의 벼랑인 허공을 좋아하고
아파트 창들은 허공에서도 벽에 간 금을 필사적으로 붙잡고 있다

도로의 끝을 막고 있던 아파트가 딸려가자

모래들이 울부짖으며 몰려온다 낙타들이 발을 벗어들고 달려온다

그러나 낙타들은 우는 모래 밖으로 나가본 적이 없고

모래들은 울부짖으면서도 아파트 그림자에 자석처럼 철컥철컥 붙어간다

모래도 뜨겁기는 마찬가지여서

오토바이는 허공에 전 생애를 성냥처럼 죽 그으며 질주한다

아파트는 허공에서도 제 그림자를 다시 꾸역꾸역 삼키고 있다

퀵서비스맨

검은 옷과 검은 헬멧의 퀵서비스맨 오토바이로 차들 사이사이를 비집으며 달린다 등 뒤에서 밀봉된 박스가 덜컹거리고 엉덩이 아래 양쪽에서 주황색 비상등은 쉴 새 없이 동시에 깜박인다 비상등은 허공의 맥박이다 몸의 주술이다 시간의 다급한 구토다 퀵서비스맨 쉴 새 없이 차선을 바꾼다 납작하고 가파른 사이드 미러에 차들과 허공을 담았다 뱉어버린다 차들의 사이드 미러에 느닷없이 들이닥쳤다 나와버린다 허공의 암벽에 시선을 척척 갖다 건다 퀵서비스맨 허공의 암벽을 뚫는다 소리가 울퉁불퉁하다 파편들이 사방으로 튄다 시간이 하혈한다 퀵서비스맨 몸이 줄줄 샌다 길은 계속 질주한다 퀵서비스맨이 흘리고 가는 몸을 차들이 짓이기며 간다 몸은 잘 다져진다 길에서 살냄새가 난다 몸이 빠져나간 바지와 점퍼가 펄럭인다 퀵서비스맨 곧 철거될 임시 천막 같다 어깨를 따라 둥글게 새겨진 성실퀵서비스가 타다 남은 뼈처럼 덜그럭거린다 낡은 오토바이의 비좁은 난간 위에 악착같이 붙어 있는 것은 두 발인가 굳어버린 절규인가 절망이라는 새살인가 바람이 천막의 앞가슴을 퍽 퍽 치며 묻는다 텅 빈 몸 안에 바람의 근육을 달고 질주하는 퀵서비스맨 살을 내어주고 삶의 시간을 얻는 퀵서비스맨 느닷없이 급브레이크를 밟는다 허공이 쭉 찢어진다 짙은 곰팡이 냄새가 난다 브레이크 등에서 흘러내리다 멈춘 퀵서비스맨의 심장이 펄떡거린다 심장은 아직 붉다 물컹하다

모래의 도시

날이 저물다. 사람들이 사방의 모래 속으로 뛰어 들어가다. 제 몸의 가죽을 벗겨내고 뒤엉킨 전선들을 미친 듯이 잡아당기다. 살이 뭉텅뭉텅 흘러내리다. 그림자가 물컹하고 빠져나오다. 헐렁한 몸 밖에서 시계가 매순간 제 박동을 삼키는 방식으로 윤회를 거듭하다. 내 입도 시간 대신 몇 개의 박동을 우물우물 삼키다. 모래 밖으로 그림자가 왈칵 끓어 넘치다. 어둠이 구겨져 있는 길을 걸어서 가버리다. 불 꺼진 쇼윈도의 마네킹은 복날의 개처럼 그슬리다. 나도 소파를 그림자 속으로 옮겨다 놓고 몸을 툭 꺼버리다

주유소의 밤

남자가 여자의 왼쪽 옆구리를 뜯어내 주유기를 걸쳐 놓고 한 손으로는 여자의 목을 또 한 손으로는 여자의 머리를 쓰다듬고 있다

여자가 남자의 배를 뜯어내고 밀어넣은 주유기를 두 손으로 잡은 채 쉴 새 없이 깔깔거리고 있다

남자가 남자의 등을 뜯어내고 그러고는 담배에 불을 붙이고 있다 주유기는 뼈 사이에 걸려 있다

세상의 모든 차들은 휘발되는 불빛을 믿고 길을 만들고

의외로 간단한 조합인 남자와 남자 또는 여자와 남자 또는 여자와 여자는 몸만 바꾸고

밤의 놀이터

한밤중 놀이터에 말이 있었다

모래 속에는 몸통만 남은 말이 다섯 마리 있었다

희고 검고 파랗고 노랗고 붉은 말이 있었다

머리를 관통한 쇠막대기가 함께 있었다

내륙 산간에 폭설이 쏟아지고 있었다

하늘로부터 온 신의 메시지는 모래 위에 새겨지지 않았다

폭주족들

텅 빈 심야의 길이 폭주족들을 매달고 허공을 지그재그로 내지른다 어제의 어제와 오늘과 또 오늘의 오늘로 뒤범벅된 시간이 폭주족들의 몸에 확확 불을 붙인다 기우뚱거리며 폭주족들이 몸의 속도를 높인다 허공 속에 뜨거운 알을 낳는다 뒤엉킨 경적을 비집는다 아카시아 향기가 길을 뚝뚝 끊었다 붙인다 한 무리의 폭주족들이 끊어진 길을 굉음을 내며 건너뛴다 뒤따라 달려오던 한 무리의 폭주족들은 끊어진 길 속으로 빠진다 끈적끈적한 괴성과 경적이 함께 묻힌다 봄밤이 눈물처럼 반짝이다 마른다 매몰의 시간을 잘 아는 길은 금방 아문다 시간의 만다라로 타오르며 폭주족들은 길을 꿀꺽꿀꺽 삼키며 달린다 하나의 길을 삼키는 순간 다시 두 개의 길이 생겨난다 휘발되지 않으려면 질주해야 한다 길과 폭주족들은 서로에게 로프처럼 매달린다 온몸이 구멍인 허공 속으로 빨려 들어가는 폭주족들이 히드라처럼 꿈틀거린다 길은 시체와 꽃이 함께 떠다니는 갠지스 강이 된다

영웅

오늘도 나는 낡은 오토바이에 철가방을 싣고
무서운 속도로 짜장면을 배달하지
왼쪽으로 기운 것은 오토바이가 아니라 나의 생이야
기운 것이 아니라 내 생이 왼쪽을 딛고 가는 거야
몸이 기운 쪽이 내 중심이야
기울지 않으면 중심도 없어
나는 오토바이를 허공 속으로 몰고 들어가기도 해
길을 구부렸다 폈다
길을 풀어줬다 끌어당겼다 하기도 해
오토바이는 내 길의 자궁이야
길은 자궁에 연결되어 있는 탯줄이야
그러니 탯줄을 놓치는 순간은 절대 없어

내 배후인 철가방은 안팎이 똑같은 은색이야
나는 삼류도 못 되는 정치판 같은 트릭은 쓰지 않아
겉과 속이 같은 단무지와 양파와 춘장을
철가방에 넣고 나는 달려
불에 오그라든 자국이 그대로 보이는

플라스틱 그릇에 담은 짜장면을
랩으로 밀봉하고 달려
검은 짜장이 덮고 있는 흰 면발이
불어 터지지 않을 시간 안에 달려
오토바이가 기울어도 짜장면이 한쪽으로
쏠리지 않는 것
그것이 내 생의 중력이야
아니 중력을 이탈한 내 생이야

표지판이 가리키는 곳은 모두 이곳이 아니야
이곳 너머야 이 시간 이후야
나는 표지판은 믿지 않아
달리는 속도의 시간은 지금 여기가 전부야
기우는 오토바이를 따라
길도 기울고 시간도 기울고 세상도 기울고
내 몸도 기울어
기울어진 내 몸만 믿는 나는
그래 절름발이야

삐딱한 내게 생이란 말은 너무 진지하지
내 한쪽 다리는 너무 길거나 너무 짧지
그래서 재미있지
삐딱해서 생이지 절름발이여서 간절하지
길이 없어 질주하지

달리는 오토바이에서 나도 가끔은 뒤를 돌아봐
착각은 하지 마 지나온 길을 확인하는 것이 아니야
나도 이유 없이 비장해지고 싶을 때가 있어
생이 비장해 보이지 않는다면
대단해 보이지 않는다면
어느 누가 온몸이 데는 생의 열망으로 타오르겠어
그러나 내가 비장해지는 그 순간
두 개의 닳고 닳은 오토바이 바퀴는 길에게
파도를 만들어주지
길의 뼈들은 일제히 솟구쳐오르지
길이 사라진 곳에서 나는
파도를 타고 삐딱한 내 생을 관통하지

제2부

사랑 또는 두 발

내 발 속에 당신의 두 발이 감추어져 있다
벼랑처럼 감추어져 있다
달처럼 감추어져 있다
울음처럼 감추어져 있다

      어느 날 당신이 찾아왔다
      열매 속에서였다
      거울 속에서였다
      날개를 말리는 나비 속에서였다
      공기의 몸 속에서였다
      돌멩이 속에서였다

내 발 속에 당신의 두 발이 감추어져 있다
당신의 발자국은 내 그림자 속에 찍히고 있다
당신의 두 발이 걸을 때면
어김없이 내가 반짝인다 출렁거린다
내 온몸이 쓰라리다

한 여자가 간다

등에 짐을 지고 한 여자가 언덕을 내려온다 땀이 흥건한 여자의 가죽을 햇빛이 옥수수 껍질처럼 벗긴다 사나워진 햇빛에 찔린 새들은 뜨거운 다리를 떼어내지 못하고 날아간다 상한 냄새가 진동하는 여자는 몸에서 쉬지 않고 길을 뽑아낸다 길은 연탄집게 같은 여자의 맨발이 지나간 곳에서만 생겨난다 살로 만들어진 물컹거리는 길 아래로 지붕들이 모여든다 여자의 몸에서 두 개의 유방이 나란히 허공으로 떠오른다 유방은 하늘 속을 파고 들어간다 떠도는 두 개의 봉분이 된다 허공에서도 지우지 못하는 대지의 시간을 피해 새들이 급강하한다 하늘에는 몸의 길이 끊긴 유방이 떠가고 언덕에는 녹슨 자궁이 덜그럭거리며 떠밀려온다 같은 풍경을 담고 썩지도 못하는 창 근처까지 온 새들은 먼저 날개부터 감춘다

쇠 난간에서는 비린내가 난다

쇠 난간 끝에서 새 한 마리가 중심을 잡는다 그 옆에 화초의 동그랗고 빨간 열매 사이를 비집고 들어온 햇빛들도 여물고 있다 여무는 것들에게는 씨가 생긴다 중심이 들어선다 새는 눈에 씨를 심어놓고 있다 두 다리 위에 떠 있는 새의 눈에 확확 달궈진 햇빛이 박힌다 난간의 중력을 빨아들이고 있는 새는 온몸이 검다 흘러내리는 살은 난간에 거꾸로 매달린 그림자에 달라붙는다 햇빛에 숨구멍을 모조리 틀어막힌 화초가 사방에 비린내를 풍긴다 공기들이 몰려들어 단물을 핥는다 하늘을 벗을 사이도 없이 구름들은 몸 안 가득 물고 있던 칼날들을 뭉텅뭉텅 떨어뜨린다 남은 살을 추켜올리며 새는 난간 밖의 허공으로 들어간다

중심을 지운 것들은 전신이 날개다

한쪽짜리 창이 바다의 세계를 잡아당긴다 겹겹의 물길이 미래를 놓친다 팽팽해진 세계의 사방이 끌려와 잠긴다 출구가 없는 바다가 오래된 시간인 돌들을 뒤덮으며 창으로 들이닥친다 물의 뿌리들이 창에 달라붙는다 온몸을 들이밀어도 밀리지 않는 생이 있다 바다는 닫힌 채 폭발한다 몸을 터뜨려도 안과 밖이 뒤섞이지 않는다 그러나 중심을 지운 것들은 전신이 날개여서 바다와 창은 함께 반짝인다 창의 어두운 시간을 견디던 허공들이 튀어오른다 검은 바다의 날개를 따라 돌들도 새처럼 난다

비닐봉지가 난다

검은 비닐봉지 하나가 허공을 난다 울음 속에서 살을 쪽쪽 빼먹으며 난다 활짝 열어놓은 안이 불룩하다 보여주지 않는 안이 팽팽하다 보이는 밖이 남김없이 검다 위태로워 반짝인다 공기들이 비닐봉지의 천수관음으로 붙어간다 비닐봉지가 잉잉거린다 바람의 안쪽이 맥박처럼 터진다 천수관음이 된 비닐봉지에 시간의 모서리가 닳는다 사라지는 자리가 쌉싸름하다 그렁그렁하다 시간이 둥글어진다 천 개의 손이 눈이 다 둥글어진다 둥근 것은 뜨겁다 비닐봉지가 허공을 오므린다 허공이 주렁주렁하다 나는 것들은 그림자를 만들지 않는다

매트리스, 매트릭스

더럽혀지고 축 늘어진 매트리스는 아직도 몸의 대지였던 때를 간직하고 있다 폐기용 쓰레기통에 늙은 여자처럼 기댄 매트리스는 몸이 닿았던 자리가 군데군데 움푹 들어가 있다 막 벗겨진 짐승의 가죽처럼 헐거워진 허공을 매트리스 밖으로 튀어나온 스프링이 낚아챈다 한 여자가 들고 가던 비닐봉지를 놓친다 젖이 불은 유방 같은 오렌지 하나가 매트리스 앞으로 굴러간다 몸을 놓칠세라 그림자가 앞서간다 몸을 벗어던진 소리들이 층층의 아파트 난간에서 떨어진다 다시 매트리스 안에 갇혀 뒹군다 오렌지를 따라가 쪼그리고 앉는 여자의 몸에서 관절이 삭아내린 낙타의 그림자가 빠져나온다 살찐 고양이가 몸 냄새가 나는 그림자를 피해 지나간다 그러나 고양이의 몸이 닿는 곳마다 더 검게 썩어 들어간다 몸 섞는 냄새가 나는 곳이 몸 썩는 냄새가 나는 곳이 고향이다 여자는 헤진 그림자로 온몸을 틀어막고 주저앉아 있고 오렌지는 매트리스와 여자 사이에서 멈춰 있다 오렌지 밑이 낙타의 그림자에 흥건하게 젖어 있다

* 매트릭스: 고어로 자궁이라는 뜻이 있다.

자궁으로 돌아가려 한다

여자는 침대에 모로 누워 젖이 불은 왼쪽 유방을 꺼낸다 달빛은 유방이 아닌 여자의 얼굴을 푸딩처럼 똑똑 떠먹는다 그 자리에 고이는 시간이 순식간에 검어진다 갓난아기는 머리를 들이밀고 젖을 빤다 아기의 입과 여자의 시간이 동시에 초침처럼 오글거린다 쫄깃거린다 얼룩덜룩한 고양이 두 마리는 침대 아래로 늘어진 여자의 그림자를 핥는다 아기는 새빨개진 얼굴로 젖을 빨아댄다 제가 두고 온 어둠을 미끌미끌한 길을 빨아댄다 아기는 제가 알몸으로 빠져나온 자궁으로 돌아가려 한다 적막하고 환한 물속의 집으로 돌아가려 한다 입가로 젖이 흘러넘친다 비린내가 담쟁이덩굴처럼 아기의 얼굴을 뒤덮는다 비린내는 오들오들 떤다 여자는 오른손으로 아기의 연한 머리통을 감싼다 매장의 시간에 익숙한 여자의 손안에서 아기의 머리통이 녹는다 순식간에 상한다 검어진다 아기는 필사적으로 젖을 빤다 여자의 몸속에 켜켜로 쌓여 있던 울음과 시간이 끌려 올라온다 시간도 태아처럼 머리부터 빠져나온다 아기는 썩지 못한 제 울음을 제 시간을 삼킨다 아기의 숨통은 점점 더 부풀어오르는 유방 속에 묻힌다 여자의 몸이 어느 생이 이미 벗어놓은 허물처럼 주글주글해진다 달빛을 끌고 나가는 어둠에서 흙냄새가 난다 여자의 질긴 가죽이 아기의 연한 살에 랩처럼 달라붙는다 아기의 그림자가 오그라든다 뜨거운 물이 터져나온다 토막 난 고양이 울음이 여자의 온몸에 젖꼭지로 달라붙는다 길은 창 아래에서 잔뜩 웅크리고 있다 머리가 다 녹아버린 아기의 입이 파닥거린다

거울을 위하여

거울: 내가 들여다보면 내가 사라져버리는 벽 또는 언어

살그머니 들어갈 것 두리번거리지 말 것 의심하지 말 것 거울 속으로 손을 뻗지 말 것 뒤돌아보지 말 것

어제의 시간과 내일의 시간이 거울로 걸어 들어와 조우한다 복받쳐올라 서로 아무 말 못한다 쓰다듬지도 못한다 한없이 쳐다보고만 있다 거울을 보면 입을 다물게 되는 이유다

거울을 들여다본다 시간이 움찔한다 한두 번 그러는 것도 아닌데 매번 그런다

거울 속에서 내 얼굴이 천천히 흘러가고 있다 나는 꽃잎도 아닌데 더욱 나는 불

빛도 아닌데

흐르는 것들은 제 안에 골짜기를 감추고
있어 어둠 속에는 어둠이 구름 속에는
구름이 모래 속에는 모래가 씨앗 속에는
씨앗이 허공 속에는 허공이 거울 속에는
거울이 얼굴 속에는 얼굴이 들어 있다

사람들은 종종 타인의 얼굴에 시선을 자
석처럼 붙이고 따라가며 구경한다 시간
의 창이기 때문이다 사람들은 자신의 얼
굴을 볼 때는 멈칫한다 시간의 벽이기
때문이다

질주하는 몸은 공포로 가득 찬 몸이다
거울 속으로 달려가면 거울 끝에 벽이
있다 질주하던 몸은 날계란처럼 터진다

사람들은 눈앞에 보이는 벽 때문에 바로 뒤의 벽을 떠올리지 못한다 진짜 벽을 감추기 위한 거울의 위장술이다 거울은 진화한다

거울을 스칠 때마다 얼굴이 베인다 거울에 베인 내 얼굴에는 시간이 핏물처럼 스민다

거울의 꿈은 제 내부를 온전하게 텅 비우는 것이다 꿈은 이루어지지 않을 때까지만 꿈인 것이어서 거울은 계속 실존한다

벽 속에서 거울이 투명하게 썩어간다 거울 속의 나도 투명하게 썩어간다

거울: 내가 밖으로 나와도 내가 사라지지 않는 내가 갇혀서 끓고 있는 진창

나는 그러나 어디에 있는가

거울 속에 있으니 나는 거울의 몸이다 거울의 꿈이다
내가 제 몸이 되어도 꿈이 되어도 거울은 출렁이며
넘치지는 않는다 꿈은 보이지 않는 바닥이 바닥을 찾
는 거울의 허공이 삼켰다 거울은 몸을 나누지도 않는
데 내 꿈은 양쪽으로 벌린 두 팔을 접었다 폈다 한다
거울 속의 나는 딱딱한 거울이 아프지도 않다

거울의 구석에 있으니 나는 거울의 구석이다 거울이
벗어놓은 신발이다 내가 거울의 한쪽으로 밀려가 있
으니 나는 거울의 벽이다 거울이 더 이상 파고들지
못하는 막다른 광장이다 내가 거울의 한가운데로 와
있으니 나는 거울의 거울이다 거울 속에 내가 있고
내 속에 거울이 보인다 거울의 핵이 보인다

거울 속의 허공에 들어가 있으니 나는 허공의 몸이다
허공이 들여다보는 허공이다 허공이 지우고 있는 허
공이다 몸이 허공의 내부인 빛과 자주 부딪친다 소리
가 나지 않는 몸을 빛이 문고리처럼 잡고 자꾸만 흔

든다 그러나 거울의 허공은 몸의 기억을 켜는 법이
없어 나는 소리의 깊이가 되어간다

얼굴이 그립다

얼굴이 거울을 열고 들어간다 나도 따라 들어가려고 하니 얼굴은 어느새 거울을 잠가버린다 거울로 들어가는 문을 찾는다 거울은 미끄럽고 태연하다 구름무늬가 양각된 타일이 얼굴의 사방에 붙는다 얼굴은 벽의 시간이 된다 나는 이제 막 내 등까지 도착한 오늘의 밤에 기댄다 밤은 나를 뒤적이지 않는다 내가 밤을 버릴 수 없는 것은 내가 공포이기 때문이다 공포는 사랑이며 공포는 껴안을 수밖에 없다는 것을 아는지 거울 속의 얼굴이 나 대신 입을 벌린다 그곳의 밤이 얼굴을 한 줄 한 줄 벗겨낸다 맨살이 새잎 나고 꽃 필 것처럼 깜깜하다 거울로 들어가는 문을 찾지 못해 내게는 오늘의 밤이 계속된다 얼굴이 낯설어진다 내가 거울 밖으로 고개를 다 돌리기도 전에 거울 속의 얼굴이 뒤통수를 보인다 사랑은 공포여서 나는 거울 밖으로 걸어나온다 몇 걸음도 걷지 못하고 나를 두고 거울의 밤 속으로 사라진 얼굴이 벌써 그립다

거울이 달아난다

거울에 들어가 거울을 생각하면 거울이 달아난다 출구를 어떻게 알았는지 내 얼굴과 벽만 그대로 두고 거울 밖으로 떠간다 무거웠던 것은 자작극을 벌이던 것은 거울이 아니라 얼굴과 벽이다 거울이 달아난 곳에서의 벽과 얼굴은 서로의 공기를 밀어낸다 얼굴은 빽빽하다 벽은 벽의 시간에 더 바싹 몸을 붙이며 숨 막힌다 거울이 사라져간 방향에서 몰려온 길이 얼굴을 잡아당긴다 대지가 되기에는 나는 어둠이 부족하다 드넓은 풀밭이 되기에는 나는 절망을 모른다 얼굴은 길을 받아들이지 않는 힘으로 단단해진다 막힌 얼굴과 막힌 벽 사이에서 길들이 테니스공처럼 튕겨진다 얼굴을 만날 수 없는 얼굴은 자꾸만 제 안을 파고 들어간다 점점 멀어지는 곳에서 발이 울고 있다

자화상

머리를 일산 시장 좌판에 내놓았는데 며칠이 지나도 사가는 사람이 없다

머리를 옥션 경매에 올렸는데 클릭을 해도 머리에서 모래시계가 생겨나지 않는다는 연락이 왔다

머리를 벼룩시장 난전에 가져갔더니 대뜸 풍선처럼 불어본다 쭈글쭈글한 머리가 조금씩 펴지고 입이 벌어진다 남의 지문을 씹고 있는 입은 다행히 아직 울부짖지는 않는다

시간과 나에 관한 노트
─2004. 10. 2

A.M. 4:20 노트를 세 장 넘기다 멈추었고 멈춘 그곳은 텅 비어 있다 모래들이 물을 찾아 떠나간 사막처럼 그 텅 빈 곳에 그림자가 내려앉는다 그림자도 시간도 아직 절지 않은 생살이다

A.M. 5:50 정기 점검으로 문 닫힌 인터넷 서점 앞에서 식은 커피 한 잔을 마신다 창밖 나무들이 몸을 조금씩 토해낸다 나무의 내부가 열린다 목이 잘렸거나 하체가 잘린 채 늘어져 있는 어둠들

A.M. 6:40 연두색 잎사귀 하나가 붙은 컵에 스탠드 불빛이 담긴다 컵의 손잡이도 연두색이고 공기는 컵을 피해 흐른다 내 손은 컵에게 가려다 말고 마우스 옆에서 굳고 있다

A.M. 7:55 몸에서 그림자가 빠져나가고 있다 심장은 아직 그림자와 몸을 공유하고 있다

A.M. 8:30 문과 문 사이에 벽이 있다 문의 정중앙에 외마디 절규인 손잡이가 있다 벽과 벽 사이가 아니라 문과 문 사이에 있는 벽은 위태롭다 오른쪽 문을 열면 거울이 나오고 왼쪽 문을 열면 각진 내부를 가진 방이 나온다 벽은 얼어붙은 시간이다

A.M. 10:10 아파트 입구의 시계가 바늘이 하나만 달린 채 가고 있다 시침인지 분침인지 알 수 없는 그 시간을 향해 공구를 든 사내가 오르고 있다

A.M. 11:15 보도블록 위에 선다 내 몸과 시간이 토막 난다 토막 난 내 몸과 시간을 가운데 두고 네 개의 모퉁이를 가진 네 개의 방향이 생겨난다 그 방향은 자주 허물어진다

P.M. 12:30 새들의 발이 닿는 길은 간지럽다 사람들의 발이 닿는 길은 갈라진다

P.M. 1:10 길에 급히 방향을 꺾은 타이어 자국이 나 있다 나무 그림자들이 만장처럼 그 위를 덮었다 길이 다시 만장 위로 스며 나온다 글씨는 보이지 않고 타이어 자국이 요령처럼 느릿느릿 흔들린다

P.M. 2:25 햇빛이 줄줄 새는 그림자를 따라 사방이 거울로 된 빌딩으로 들어간다 바람에 뜯겨나간 팔과 머리는 미처 들어오지 못한다 그림자는 몸을 찾아 회전문을 계속 돈다

P.M. 3:25 희고 검은 큰 점박이 개가 양지에 매어 있다 개 앞을 지나가던 한 사내의 하체가 개에게 먹힌다 사내의 상체가 개 속에서 뛰쳐나온다 시간은 햇빛을 가득 문 채 검게 타들어가고 있다

P.M. 4:45 급브레이크 밟는 소리가 버스 정류장 유리 벽과 부딪친다 뒤에 달려오는 버스들이 줄줄이 유리 벽을 통과한다 유리 벽 쪽으로 걷고 있던 내 그림

자는 유리 벽 앞에서 튕겨져나온다

P.M. 5:20 할머니가 가장자리가 조금 탄 흰 접시에 몸에 끼웠던 부속 몇 개를 꺼내놓고 앉아 졸고 있다 시간이 몸 위에 떨어지자 할머니에게 끊을 수 없는 창살이 생겨난다

P.M. 6:10 가로수들은 한 몸에 수백 개의 시간을 달고 그러나 겹치는 시간은 없이 입선(立禪)하고 있다 열매는 뿌리 쪽으로 떨어져 있다

P.M. 7:40 버스 정류장의 흐린 불빛 아래서 멈춘다 불빛이 내 발을 감추고는 내놓지 않는다

P.M. 8:20 밤 버스가 이십 분 동안 아파트만 지난다 불빛 위에는 불빛이거나 어둠 어둠 밑에는 어둠이거나 불빛 눈앞에서 불빛이 두 개 꺼진다 관이 두 개 늘어난다 유리창에 비친 기사의 몸 한가운데 붉은색의

대형 십자가가 떠 있다 정류장 안내 방송이 나오지 않는다

P.M. 9:00 쇼핑몰의 쇼윈도에 한 여자와 한 남자가 솟아 있다 지하도에서 몸이 눌린 한 남자가 빠져나온다 진짜 가짜 할 것 없이 모든 살에는 식욕이 당긴다

P.M. 9:50 베란다의 방충망에 붙어 있는 불빛들을 떼어낸다 창자가 말랑말랑하다 쌀독 가득 색색의 불빛을 퍼담는다

P.M. 10:10 꺼진 모니터 뒤 창의 어둠 속에서 내가 떠다닌다 낮과 밤 사이 하늘과 땅 사이 적막과 적막 사이를 떠다닌다 지금 별과 달은 어둠뿐인 내 몸이 다 가렸다 그러나 모든 길은 서로 몸을 간절하게 붙이고 있어 시간도 나도 온전한 어둠이 되는 순간이 있다 어둠의 몸인 동시에 별의 몸인 시간과 내가 눈부시게 검다

뿌리들 1

모니터 뒤에 숨어
핀 돌단풍의 흰 꽃이
하나, 둘, 셋, 넷……
아니 모니터가 가리고
있던 아니 내가
가리고 있던 내 눈이
가리고 있던 돌단풍의
흰 꽃이 하나 둘 셋
넷……

뿌리들 2

집 속에 몸을 넣고 있으면 자꾸
몸이 집 밖으로 흘러넘친다

집 속에는 플러그 하나가
사리처럼 남아
사방을 두리번거리고 있다

뿌리들 3

쉴 새 없이 봉분의 밑을 파 들어갔다
흙들이 예리하게 절단되었다
뻣뻣한 넝쿨의 공기가 뻗어나갔다
어둠이 지문처럼 우글거렸다

거역할 수 없는 이 냄새
느릿느릿 배어나오는

하나의 돌이 열리는 소리
공기가 오래된 뚜껑처럼 멈추어 있다
돌은 사방에서 오래 닫혀진다
낯선 발들은 오래 가려진다
낯선 발들은 서로를 문처럼 들여다본다

빛처럼 작고 단단한 구멍이 있다 두개골마다
빛처럼 뽑혀져 나온 금속선이 있다 두개골마다
조여지지 않는 뼈를 흔들고 있다 장애물처럼

낯선 발들은 낯선 발들을 밟고 있다
낯선 발들을 화환처럼 들고 있다
공기가 오래된 뚜껑처럼 멈추어 있다
낯선 발들을 식빵처럼 뜯어 먹고 있다

거역할 수 없는 이 냄새
수맥을 봉쇄해버린

단정한 나무의 배선
복사되는 배선

하강할 수 있음
계속
내려가시오

거역할 수 없는 이 포르말린 냄새
썩지 않는 죽음
아래는 아주 넓고 깊다

나는 부재한다 고로 나는 존재한다

뿌리가 있다면 시간이 아니며 뿌리가 있는 것이 시간이라면 뿌리째 뽑힌 공간이 시간이며 그러므로 지상은 뿌리째 뽑힌 시간이며(그러므로 오해 마라 나무의 뿌리는 어둠인 대지의 것이지 어둠을 뚫고 나온 나무의 것이 아니다 우리가 보이지 않는 것을 더 믿는 것은 단지 보이지 않기 때문이다)

생기는 순간마다 제 몸을 삼키는 것이 시간이며 그러므로 매순간 다시 삼켜야 할 제 몸을 만들어내야 하는 것이 시간이며 그 시간의 몸이 바로 나이며 (그러므로 오해 마라 잔인한 것은 시간이 아니라 내 몸이다 그래서 내 몸에서는 죽음의 냄새가 난다)

우리에게 다리가 있다는 것은 길은 계속 증식된다는 뜻이다 길을 증식시키는 것은 바로 우리의 다리다 우리는 우리가 증식시키는 길의 숙주다(그러므로 오해 마라 다리는 길에 갇히라고 있는 것이 아니라 계속 걸으라고 있는 것이다 사람의 다리가 하나가 아니라 둘로 갈라져 있는 것은 제 다리가 만드는 길을 쉴 새 없이 부정하라고 있는 것이다)

    빛이 가득한 벽은 터질 듯하고 그러나 벽은 강물이 아니어서 흐르지 않고 모서리는 방을 접을 듯하고 그러나 모서리는 길의 끝이 아니어서 다시 벽으로 흘러들고 뿌리가 없는 시간의 몸인 나는 방 한가운데 있다 여기는 뿌리의 밖이어서 환하다 환해서 칠흑이다 진창이다 여기는 하늘 속 둥근 방 들어오고 나가는 구멍이 보이지 않는 하늘 아래 지하 세계 썩어가면서도 어딘가로 열리려고 안간힘을 쓰는 어둠의 귀는 몸이 거절하는 몸의 발소리로 가득한 나는

거울의 춤

나비는 봄의 방향으로 날아오고 있고
낙타는 사막의 방향으로 걸어가고 있고
인간은 허공의 방향으로 번지고 있고
나는 거울의 방향으로 뛰어가고 있다

낙타가 가는 곳은 모두 사막이고
(낙타는 모래를 따라가고 모래는 별을 따라가고
별은 낙타의 발바닥에 굳은살로 박히고)
나비가 오는 곳은 모두 봄이고
(날개는 늘 싹트고 있는 눈이다)
내가 가는 곳은 길이고 거울이고
(시간은 슬픔을 한 방울도 흘리지 않는다 그러나
시간은 슬픔 한 방울로 굴러간다)
인간이 지금 가는 곳은 허공이다
(허공에 경을 새겨넣는 손들
원본이 존재하지 않아 흐르는 경문들)

그러므로

봄이며
봄의 방향이며
봄의 춤인
나비여

그러므로
허공이며
허공의 방향이며
허공의 춤인
인간이여

그러므로
사막이며
사막의 방향이며
사막의 춤인
낙타여

그러므로

길의 방향이며 거울의 방향이며
길이며 거울의 춤인
나여

소금 사막

세상을 향해 잘못 열린 관 같은 소파에 한 남자가 몸을 웅크리고 누워 있다 동쪽의 어둠을 끌고 온 커튼과 서쪽의 어둠을 끌고 온 커튼 사이가 비명처럼 벌어진다 한줄기 빛이 찢어진 생살에 뿌려지는 소금처럼 스며든다 오래된 적막이 쓴 물을 뱉어내며 쩍쩍 갈라진다 등을 보인 채 모은 두 다리를 가슴 쪽으로 끌어당기고 있는 남자는 꾸물꾸물 생겨나고 있는 태아 같아서 버석거리며 증발해가는 소금 사막의 물기 같아서 제 몸을 파먹어 들어가던 어둠이 남자의 등속을 파고든다 그곳에 살그머니 고인다 남자의 사방에서 벽들이 질주한다 제 몸에서 빛이 새어나오는지도 모르고 어둠은 내내 질려 있다

한 남자가 간다

한 남자가 오른손으로 커다란 검은 비닐봉지 끝을 말아쥐고 걸어간다 비닐봉지는 내내 마르지 않을 슬픔처럼 남자의 발 근처까지 죽 늘어진다 비닐봉지의 숨통을 말아쥔 손은 부드럽다 단호하다 무엇이 숨통을 조이는지 남자 위의 어둑어둑해지는 허공에도 오래된 입가처럼 주름이 진다 주름 속이 가파르다 격렬하다 안이 보이지 않는 비닐봉지가 어둠에서 어둠으로 흔들린다 시계추처럼 과거와 미래 사이에서 흔들린다 지금만 텅 빈다 남자는 흔들리는 허공에서 흔들리는 허공으로 걸어간다 서서히 숨통이 조여가는 남자는 그림자를 성의처럼 길게 끌고 소란한 길을 천천히 걸어간다 오른발과 왼발을 꼬박꼬박 번갈아 내디딘다 불빛이 남자의 그림자 끝을 밟는다 비닐봉지와 바닥 사이의 좁은 틈에서 소음과 음악이 터진 창자처럼 뒤섞인다 남자는 여전히 썩지 않는 비닐봉지를 쥐고 걸어간다 무엇이 손을 고쳐 쥐고 있는지 공기들이 일제히 제 살을 새 모양으로 깎는다 몸 밖에 발자국을 찍은 적이 없었던 남자의 발이 들어 올렸던 길을 갑자기 툭 놓는다

10×10cm 타일

아이들 넷은 모두 아버지가 달랐다 엄마는 같았다 엄마는 빨간 매니큐어를 열 손가락에 바르고 옥탑방을 떠났다 네 아이는 한방에서 조약돌처럼 뒹굴었다 비닐봉지처럼 부스럭거렸다 길모퉁이의 자판기와 나란히 붙은 공중전화에서 각기 다른 아버지에게 전화를 걸었다 어느 아버지는 직장을 옮기고 잠적했다 공원에서 머리를 감고 옷을 빨고 물을 받아다 먹었다 공원은 그래서 아이들에게 아름다웠다 편의점 아르바이트생이 뒷문으로 나와 유통기한이 지난 음식들을 주었다 배가 고프면 돌아가며 비키니옷장 속에 들어가 잠을 잤다 웬일인지 비키니옷장 속에서는 배가 덜 고팠다 전기가 끊긴 방에서도 해가 질 때나 떠오를 때나 세상은 충혈된 눈처럼 붉었다 누군가 버린 꽃나무를 주워 컵라면 용기에 심었다 매직으로 자신들의 이름을 썼다 성은 쓰지 않았다 장남이 막내의 이름을 써주었다 이름들은 모두 작은 해를 하나씩 품고 있었다 아이들이 막내의 이름을 큰 소리로 따라 불렀다 이름이 넘실거렸다 공기들이 따로따로 반짝였다 난간에 놓인 꽃에 물을 주려고 올라갔던 막내가 의자에서 떨어졌다 뜨거운 옥탑방 앞으로였다 며칠이 되어도 눈뜨지 않았다 바람이 옥탑방을 칭칭 동여맸다 두 발에 걸을 때마다 삐약삐약 소리가 나는 노란 슬리퍼를 신기고 두 귀가 축 늘어진 강아지 모양의 가방을 메어준 막내를 트렁크에 넣었다 갑자기 어딘가에 빈자리가 자라기 시작했다 세 아이는 트렁크를 끌고 지하철역으로 갔다 계단을 내려갈 때는 셋이 트렁크를 들었다 손잡이가 있는 쪽을 조금 더 높이 들었다 막내의 머리가 그쪽에 있었다 엄마가 돌아온다고 했던 공항이 보이는 강변에서 밤새 땅을 팠다 그곳에 트렁크를 넣었다 땅은 트렁크를 고스란히 껴안았다 흙을 덮는 장남의 손이 바들바들 떨렸다 막내에게서 뿜어져 나오던 썩는 냄새가 싫었다는 생각을 떠올리느라 열한 살의 오빠는 트렁크에 구멍을 내주는 것은 잊었다 네 살배기 막내는 그곳이 비키니옷장 속인 줄 알 테니 배가 덜 고플 것이다

영화는 끝났다

길

시간은 벽과 벽 사이에서 흘러넘치고 있습니다

어둠이 길들을 천천히 멍석처럼 말아갑니다

열었던 세계만큼 창들은 다시 세계를 닫습니다

고압선들이 허공 위로 툭툭 불거집니다

몸통만 남은 나무에 옷이 길게 늘어져 있습니다

한 여자가 이십 년을 살고 죽었습니다

4월생이었습니다

밤은 점점 가파르고

반쯤 남아 있는 길에서 고기 삶는 냄새가 진동하고 있습니다

집은 여행 중

이중창과 방범창까지 닫힌 집 속에서 길 하나가
탈장처럼 빠져나온다
그 길 속에서 타다 만 사내와 개가 미끄러져 나온다
성기를 덜렁 내놓은 사내도
꼬리가 반쯤 탄 개도 모두 납작해져 있다
안테나가 헐거워진 집을 단숨에 잡아당긴다
집은 그 흔한 뿌리도 구근도 매달지 않았다
뿌리까지 다 내놓고도 나무는
집과 길 밖에다 새를 감추어 두고 있다
집은 허공의 날개가 되었다
집은 여행 중이다

제3부

얼굴 속으로

머리는 덩어리다 덩어리를 뚫고 나온 욕망이 얼굴이다 늘 욕망이 먼저 움직이고 그 욕망을 따라 시간이 움직인다

머리는 막다른 골목이다 얼굴은 막다른 골목의 끝이다

제 얼굴을 들여다보고 있는 자는 타오르고 있는 자이다 타오르고 있는 자는 흐느끼고 있는 자이다 흐느끼고 있는 자는 더듬거리고 있는 자이다 더듬거리고 있는 자는 제 얼굴을 들여다볼 수 없는 자이다

제 얼굴을 들여다보고 있는 자의 시선은 안으로 향해 있다 제 안의 어둠이 유일한 경전이 되는 세계

제 얼굴을 제 손으로 파헤치는 자는 시간의 화상(火傷)으로 사는 자이다

어둠은 대지의 것이다 죽은 것들의 시체가 가득 찬 대지에서 씨앗들이 발아한다

얼굴은 제 안의 어둠이 자신을 먹고 있다는 것을 안다 얼굴은 어둠을 안으로 몰고 올라와 스스로 폭풍이 된다 폭풍은 밖으로 부는 것이 아니라 안으로 분다 내부는 폭풍으로 타오른다

천천히 어둠에 잠기고 있는 얼굴은 차분하고 고요하다 얼굴은 자신이 맨 처음 태어난 곳이 어둠이라는 것을 알게 된 것이다

얼굴: 반야심경 261자를 새겨넣은 시간

(쌀) 한 톨 머리: 시간(쌀) 한 톨을 차마 삼키지 못하는 어둠

얼굴이 달라붙는다

옆 탁자에서 라면을 먹던 여자가 얼굴을 벗어두고 그냥 가버린다 젓가락에 라면 가락을 돌돌 마는 순간 탁자에 올려놓은 내 왼손에 얼굴이 척 달라붙는다 그러고는 내 오른손을 뚫어져라 쳐다본다 낯선 얼굴이 한쪽 눈을 어디에 두고 왔는지 나는 모른다 낯선 얼굴과 나는 서로 없는 눈이 익숙하다 내 한쪽 눈은 지금 감옥에 가 있다 내 몸속의 신이 깔고 누워 있던 죽음을 엿본 죄다 죽음과 정면으로 마주쳤던 눈은 내게서 파내졌으므로 나는 죽음을 모르므로 생의 시간으로 일렁인다 낯선 얼굴을 매달고 라면을 먹는다 낯선 얼굴도 입을 오물거린다 그 입에서도 고소한 스프 냄새가 난다 햇빛들이 창 속으로 빠르게 들어온다 부딪쳐 멈출 곳이 없는 둥그런 탁자는 쉴 새 없이 시간의 트랙을 돈다 라면은 먹어도 먹어도 줄지 않는다 외눈박이 내 얼굴에도 낯선 그녀의 얼굴에도 땀이 가득 밴다 땀은 같은 시간의 것이어서 생은 함께 출렁이는 것이어서 내가 라면 가락을 건져 올리면 낯선 얼굴이 어느새 먹어 치운다 시간은 퉁퉁 불어 있다

거울이 얼굴을 뜯어 먹는다

거울 속에서 나는 마르고 긴 빵을 뜯어 먹는다 나는 밤을 기다리고 있다 거울 속은 해가 지지 않는다 하늘은 여전히 어떤 몸도 닿을 수 없는 곳으로 제 피를 몰고 번져간다 거울이 어두워지지 않자 이번에는 순서를 바꾸어 빵이 내 얼굴을 뜯어 먹는다 읽을 수 없는 꿈이야 수천의 시간이 타고 있는 만장이야 마르고 뻣뻣한 내 살을 죽죽 뜯어 먹는다 파헤쳐진 내 얼굴 속에는 씹다 만 별의 몸 낙타의 발자국 나사못 맨드라미 씨앗 오전 10시 35분 잘린 숨 그러나 처음 보는 시간의 피를 묻힌 거울은 소란스러워지지 않고 붙잡을 곳 없는 거울의 암벽으로 최초의 그림자가 생겨나고 있는 맨드라미 씨앗이 먼저 기어오른다 어둠이 차오르지 않아도 대지의 시간이 다시 시작되고 있다

낮에는 햇빛이 낯설다

몸
낮에는 햇빛이 낯설고 밤에는 불빛이 낯설다 낮에는 햇빛을 잘게 구겨 쓰레기통에 버린다 밤에는 불빛을 베란다 밖으로 퍼낸다 무턱대고 꾸역꾸역 삼켜버리는 날도 있다

그림자
몸과 접속하는 코드를 잡아뺄 수도 있다

영혼
하늘 속에 책이 펼쳐져 있다 여러 날 오른쪽 페이지의 끝이 접혀 있다 여러 번 읽었다고 믿고 있지만 처음부터 누군가가 읽을 수도 있다

냄새
몸속에 비가 나흘 내내 쏟아지더니 붉은 황사가 일주일 내내 몰려오더니 들짐승의 피가 몸속을 파고들더니 타워 크레인 한 대가 들어서더니 얼굴 속에 거울

이 꽉 들어차더니 얼굴 속 구석구석까지 순식간에 징그러운 불빛들이 켜지더니 뱀들이 쉴 새 없이 기어들어오더니 몸속의 발자국이 다 지워지더니 의자와 길이 텅 비더니 주차 금지 표지판이 들어서더니 유령고무나무의 그림자가 격렬하게 흔들리더니 몸과 기억을 봉합한 실밥이 자꾸 터지더니 전염병이 돌더니 신원을 알 수 없는 시체들이 들어오더니 몸 속 몸 밖 할 것 없이 타는 냄새가

버스 정류장에서 만난 다섯 소녀

1

소녀의 단발머리는 귀를 반쯤 덮고 있다
두 귀로 다른 세계가 들이닥쳐
눈 코 입이 모두 벌어진다
얼굴을 받치고 있는 목에서
왼쪽 어깨로 내려오는 곳에 금이 가 있다
시간이 쪼아댄 얼굴 속에는 물기가 없어
입은 돌가루를 날리며 닳고 있다

2

표지판 아래 서 있는 소녀의
치마가 확 올라간다
속에 자주색 팬티를 입었다 뒤집힌 치마 속에
사과가 넷 그려져 있다
사과에는 모두 초록색 이파리가 달렸고

시간이 베어 물었는지 사과 하나는
절반만 남아 있고
소녀의 치마 밖에서는 붉은 장미가 흩날린다
문이 닫힌 버스를 향해 뛰어가는
소녀의 다리는
한쪽은 검고 한쪽은 노랗다

3

입에 추파춥스를 문 소녀는
시간에 상하고 있는 등을 벽에 기댄다
어느새 등에서 가슴 쪽으로 옮겨온 시간은
소녀의 이마를 뚫고 있다
살냄새도 모르면서 구름은
소녀의 몸 위로 지나가고 있다

4

횡단보도 신호등은 붉은색이고
횡단보도 끝을 밟고 소녀는
혀를 쭉 빼물고 섰다
오래된 나무 그림자는
연한 소녀를 제가 만든 그늘 속에 집어넣는다
차 소리가 소녀의 혀를
계속 자르며 지나간다 소녀의
눈에 부서진 시간이 짝짝이로 박힌다
모래 바람이 불어온다
갑자기 신호등이 바뀐다
소녀의 혀가 다시 길어지고 있다

5

한쪽 귀에는 휴대폰

한쪽 귀에는 바람의 노래
한쪽 다리에는
무릎까지 오는
얼룩말 무늬 양말
얼룩말 무늬 속에
사육된 시간
한쪽 다리에는
덜그럭거리는 시간의 관절을
그대로 달고 소녀는

삼면화

푸드코트

소녀 둘이 왕만두 한 접시를 탁자의 가운데 놓는다
만두는 희고 부풀고 터지기 쉽고
부풀고 희고 터지기 쉬운 소녀들은
젓가락으로 만두의 가운데를 폭 찔러 들고
만두 속살을 쉴 새 없이 입속에서 짓이기며
조잘거리며 깔깔거리며
한 손으로는 휴대폰에 문자를 찍는다
소녀들에게서 갓 출시된 공산품 냄새가 난다

추파춥스

교복을 입은 여자 아이가
깨진 보도블록 위에 추파춥스를 빨며 서 있었다
여자 아이의 그림자를 차들이 짓이기고 지나갔다
한 사내아이가 돌을 던지자

여자 아이의 두 다리가 쨍그랑 깨져버렸다
돌 안에서 발소리가 다급하게 들려왔지만
여자 아이는 여전히 추파춥스를 빨고 있었다

천사가 있는 쇼윈도

천지간의 길들이 모두 지워져 천사들은 어둑어둑한 쇼윈도에 들어와 있다 몸 안으로 집어넣지 못한 날개는 양쪽에 매달렸다 진눈깨비는 계속 쇼윈도를 죽죽 긋는다 지금은 잘리며 반짝이며 다시 태어나는 것이 시간이다 시간은 그러나 생기는 순간 상한다 날개 사이에서 얼굴을 꺼내 쇼윈도 밖을 굽어보는 천사들도 시간처럼 짓무른다 천상의 시간인 날개는 펄럭이지 않고 바닥에 끌리고 있는 옷자락에서 천사들의 맨발이 살짝 빠져나온다 대지에도 전력에도 닿아 있지 않은 천사들에게도 발은 필요하다

검고 불룩한 TV와 나

1

1990년산 TV와
1968년산 나는 어둠 속에 있다

(낙타와 시간은 사막에 그냥 두고 왔다)

달빛이 흐릿하게 묻은
1990년산 TV와
1968년산 내 몸은 검고 불룩하다

1968년산 나는 쭈그리고 앉아
1990년산 TV를 영혼처럼 들여다본다

2

1990년산 TV와 1968년산 나. 생산년도가 있는 것들.

제품번호가 붙여진 것들. 뜨거운 것들. 뭉클거리는 것들. 어쩌자고 내 몸속에서 꺼지지 않는 TV. 내 몸에게로 나를 송출하는 TV. 난지도 TV. 검고 불룩한 달 속의 물. 물속의 몸. 열 수 없는 우물. 끌 수 없는 창. 어둠 속에 웅크리고 있는 것들. 퍼덕거리는 것들

3

내 몸속엔 20년 전 죽었다는, 썩지 않는 풍문의 아버지가 하나. 녹슨 삽 하나. 녹슨 눈물 한 방울. 고철로 구겨진 발 둘. 뼈와 쇠숟가락. 모래로 채워진 산양의 눈 둘. 깨진 거울. 비닐봉지. 지는 별. 지는 봄. 지는 봄의 등에 걸린 지는 해. 수평선을 넘지 못하는 해 속의 물. 돌밭. 한밤의 검고 불룩한 TV. TV에 병렬 케이블로 연결된 무덤이 둘. 또 둘

마우스와 손이 있는 정물

집 속에 마우스와 내가 있다
마우스는 책상 위에 있고
책상 앞의 의자에는 적막이 배꼽까지 차오른 내 몸이 있다
(적막은 내 두 다리에 조개처럼 다닥다닥 붙어 있다)

의심을 모르는 마우스는 긴 꼬리를 달고 있다
역시 의심을 모르는 꼬리는 마우스를 두고
책상을 가로질러 허공으로 사라진다
(거기 어둠이 있다)

마우스는 피카소가 그린 여자의 얼굴 속에 가라앉아 있다
오른손으로 턱을 괴고 있는 여자의 한쪽 눈과 콧구멍 하나는
얼굴 밖으로 나가 있다
그러나 그곳도 얼굴이다
여자의 입은 오른손 가까이로 당겨져 있다

(그 얼굴에는 오른쪽 왼쪽이 없다)

나는 마우스 위에 오른손을 얹고 있다
내 몸의 일부는 적막에 묻혀 있고
내 몸의 일부는 바람에 붙어 있고
내 몸의 일부는 지워졌고
내 몸의 일부는 그가 떼어갔고
내 몸의 일부는 꺼진 모니터 속에 들어가 있다

그러나 마우스가 여자의 얼굴 속에 들어가 있어도
여자의 한쪽 눈과 콧구멍 하나는 얼굴 밖의 세계를
벌름거리고
내가 마우스 위에 온전한 손을 얹고 있어도
여자와 마우스는 따뜻해지지 않고
그러나 마우스는 피카소의 여자 속에
나는 마우스의 등 위에 손을 얹고 있다
(김종삼의 묵화처럼, 소의 잔등처럼, 지금은 저물
녘이다)

닫힌 것들

　열려 있는 문은 불안하다 나는 서둘러 문을 닫는다 이내 다시 연다
　문이 닫힌 거울을 흰색 변기와 세면대와 욕조가 뚫고 있고 거울은 밖에다 늘어진 주머니처럼 내 몸을 달고 있다

　변기와 세면대와 욕조와 나는 하수구를 감추고 구멍이 없는 하늘을 빠져나온 새는 반짝이는 것들만 모여드는 창을 쪼아댄다 내 몸과 창 사이에 걸려 있는 모니터는 유리의 땅에서는 반짝이고
　창은 시간의 파편이 박혀도 말이 없고 관 속의 죽은 자도 말이 없고 마우스도 말이 없다 내가 몸을 거울로 돌리자마자
　엉겁결에 휴지걸이에 둘둘 말려 있던 길들이 바닥으로 풀려나온다 길은 중복되거나 표백되거나 반복된다

　나는 모니터를 들여다본다 구덩이 속에 죽은 자를

눕히고

  검은 옷을 입은 사람들은 제 손을 만지작거린다 새는 창을 쪼다 말고 주둥이를 허공에다 썩썩 문지른다 곡소리가 석유처럼 흘러나온다

  무덤도 하수구를 감추고 있다 하늘도 닫혀 있다 열려있는 문은 불안하다

  사람들은 막 솟은 무덤을 둥글게둥글게 돌아가며 꾹꾹 밟는다 지구는 둥그니까 새는 허공의 모서리를 쪼아댄다

  살아남은 사람들은 깜빡깜빡 출구가 없는 자신의 손을 잡았다 놓친다 30촉 백열등은 내 두 다리를 순간적으로 자르고는 제 빛으로 칭칭 감아놓는다

  내 몸으로 가는 길의 시간이 끊어졌다 다시 이어지는 곳은 뭉툭하고 오독오독하다 검은 옷의 사람들이 어깨까지 내려온 하늘을 걸치고

  빠르게 찬송가를 부른다 며칠 후 며칠 후 요단 강

건너가 만나리 거울과 하늘은 허방이다 나는 세면대 양쪽에 박힌 수도꼭지를 양손으로 붙잡고 몸을 앞으로 기울인다

아직 어느 방향으로도 틀지 않았는데 세면대의 구멍 속으로 그림자만 빠져나간다 나는 여전히 수도꼭지를 붙잡고 머리를 세면대 속으로 쑤셔넣는다 거울에 몸이 들어가지는 않고
내 살 밖으로 등뼈가 튕겨져나온다 누가 등뼈를 거울 속에 집어넣었을까 악취가 나기 시작한 살이 빈 욕조로 흘러내린다 검은 옷의 사람들은 공기 속에 켜둔 시동을 끄지도 않고
계속해서 흙을 밟는다 그 발아래서 죽은 자는 말이 없다 마우스도 말이 없다 새도 말이 없다 무덤과 하늘은 닫힌 거울이다 안을 보여주지 않는다

거울에 들어가면 하수구로만 빠져나올 수 있다 하수구는 비좁다 죽은 자는 썩힐 수 있는 것은 다 썩힌다

하늘의 하수구로 제 그림자를 붙잡고 나온 새는 계속 같은 화면을 돌려본다 무덤이 나오면 하늘이 들어간다 산 자가 들어가면 변기가 나온다 문이 열리면 무덤이 들어간다

욕조가 나오면 곡소리가 들린다 곡소리가 들리면 하늘과 변기가 나온다 모니터가 나오면 무덤이 들어간다 무덤이 들어가면
내 몸과 거울이 나온다 열려 있는 벽은 불안하다 그러나 벽은 닫히지 않는다

3월

1

3월이 왔다 3월의 첫날
눈이 왔다 흰 눈이 왔다 3월의 첫날
새도 왔다 바람도 왔다
새소리도 뾰족뾰족 달콤새콤 왔다
바람은 유독 길고 가는 장미 가지를
흔들어 깨우고 있다
그리고 나에게 와서 속삭인다
스카이라이프 위성 안테나도
우리도 새잎 나고 꽃 피고
뾰족뾰족 달콤새콤해질 것이라고

2

3월의 둘째 날이 왔다 첫날은 가고 둘째 날이 왔다
첫날과 마찬가지로 살그머니 왔다

3월의 둘째 날이 왔다 첫날과 같이 흰 눈이 왔다
흰 눈이었지만 첫날과 다른 흰 눈이어서
아직 녹지 않고 있다
3월의 둘째 날이 왔다 고요하게 담담하게 왔다
3월의 첫날은 갔다 고요하고 담담하게 갔다
3월의 둘째 날이 왔다 목요일이다
3월의 첫째 날은 수요일이었다
첫째 날도 둘째 날도 있었으므로 다른 날은
생각나지 않았다

   3

3월이 오고 온 3월은 여섯 날 지나갔고
(그러니까 여섯 번의 낮과 밤이 지나갔고)
일곱번째 낮이 왔고 일곱번째 밤은
아직 오지 않았다
(아직 오지 않았기 때문에 곧 올 것이다)

오고 가는 낮과 밤에 대해
오르고 내려가는 계단에 대해
선로로 빠져나가고 들어오는 전철에 대해
사라지고 남겨지는 소리와 장소에 대해
흐르고 흘러가는 구름 공기 물 불빛 햇빛
맥박 발자국 웅덩이에 대해
몸을 붙였다 떼었다 하는
3월 그리고 일곱번째 아침 8시 5분

4

3월이 왔고
3월 1일이 왔고
계속해서 2일이 왔고
그렇게 열아홉 번의 낮과
열아홉 번의 밤이 왔고
지금 스무번째의 낮이 왔다

열아홉 번의 낮과 밤은
자궁 속을 빠져나오고 있는 태아 같아서
어느 쪽이 자궁인지 어느 쪽이 태아인지
분간이 되지 않아서
열아홉 번의 낮과 밤은
하늘 끝으로 달려가고 있는 길 같아서
어느 쪽이 길인지 어느 쪽이 하늘인지
분간이 되지 않아서
열아홉 번의 낮과 밤이 되었고
스무번째 낮은
스무번째 밤과 구분이 되지 않을 것이어서
아직은 자궁이고
태아이고 길이고 하늘이다

새에 관한 일곱 개의 이미지

1

하지를 지난다
파삭한 햇감자 대신
새 한 마리를 샀다
하루에 세 번
접시에 식빵 부스러기를 놓아준다
새는 식빵 부스러기는 놓아두고
접시 속에 박힌
하늘만 쪼고 또 쫀다
새에게서는 쩍쩍 가위질 소리가 나고
하늘에서는 딱딱 부딪치는
소리가 난다
하늘에게서도 새에게서도
메아리가 생기지는 않는다
하늘도 새도 완전히 여물었다

2

새가 숟가락 하나를 물어 챈다
덥썩 움푹하게 파인 쪽부터 삼킨다
숟가락이 머리를 뚫고 나온다
몸 안에 가지가 생긴
새는 그래도 좋다고
쉴 새 없이 입에 문 숟가락을 쫀다
그때마다 머리를 뚫고 나온
숟가락이 덜컥덜컥 흔들린다

3

새가 나무 속에다 발자국을 찍으며 논다
그 자리마다 수액 같은 녹물이 진득진득하다
새는 엿장수 가위처럼
부리를 벌렸다 오므렸다 하고

나무는 조금씩 녹이 슨다

4

나무들이 놋숟가락을 사방에 달았다
꾸덕꾸덕한 공기를 파먹는다
허공이 새로 만들어진 숟가락 천지다
숟가락에 몸이 빠지는 새들 천지다

5

새의 다리 하나는 햇빛이 먹어 치웠다
새의 다리 하나는 바람이 먹어 치웠다
두 다리가 잘린 새가 날개라는
오래된 다리로 삐걱삐걱 허공을 건너가고 있다

6

다친 새 한 마리를 발견했다
집으로 데리고 와 날개를 망치로 두드려 편다
구겨진 날개가 펴지자
꽁무니에서 못들이 빠져나온다
베란다 난간에서 새가 다리를 세우고 날개를 퍼덕인다
못에 그림자 달라붙는 소리가 난다

7

바람이 부는 창가에
별이 보이는 창가에
새장을 놓아두었다
아침에 가보니 새는
살은 다 뜯어 먹히고 뼈만 남았다
아직도 탄력을 잃지 않은 등뼈에는

뒤엉켜 있는 철사 뭉치 하나 솔방울 하나
벗겨진 전선 하나
그리고 반질반질하게 닳은
염주알 세 개

* 이 새의 이미지는 이영학의 조각 「새」에서 얻은 것임.

고스트 월드

겨울밤
차고 미끄러운 불빛과
차고 울퉁불퉁한 시간을
짝짝이로 신고 다리를 건너
쇼핑몰에 간다

쫄깃쫄깃한 고단백 눈알 통조림을 두 캔 산다 캔을 안고 있다보면 어느 별에 몸이 닿기도 한다 눈알은 들소나 야생 고양이나 송골매의 것이라는 설이 분분하나 화성에서 온 짐승의 것이라는 풍문도 있다 먹게 되면 한시도 몸이 어두워지지 않는 붉은색의 눈알을 나는 특히 좋아한다

나비 2천 마리의 날개로 만든 분말을 한 병 산다 나는 서른다섯번째 이 병을 산다 한 숟가락을 물 없이 삼키면 동남쪽에 폭우가 쏟아진다 다시 거기서부터 20리 떨어진 곳의 하늘에 해가 여럿 생겨난다 다시 거기서부터 50리 떨어진 곳에서 곡소리가 끊이질 않

는다 그 곡소리를 일 년 내내 듣게 되면 썩지 않는 발이나 심장을 갖게 된다

사과처럼 머리꼭지를 사각사각 도려낼 수 있는 칼 세트를 산다 혼자서 자유자재로 사용할 수 있어 머리 깊숙이 칼날이 들어가도 육즙 한 방울 떨어지지 않는다 불면과 두통이 심할 때 머리꼭지를 둥글게 도려낸 후 뇌를 꺼내 씻을 수 있다 서북쪽의 사철 내내 몽우리만 맺힌 채 꽃은 피지 않는 신품종 동백나무 숲에 살고 있는 짐승들은 이 칼 세트를 단체 구입한다 숲 밖으로 나오면 발소리만 나고 몸은 투명해지는 그들이 일 년에 두 번이나 사들여 이 칼 세트는 구입하기가 쉽지 않다

말굽 세트를 산다 약간의 빛이 스미는 곳에서 발목을 자른 뒤 끼운다 프리 사이즈지만 의심하거나 두려워하면 맞지 않는다 말굽을 끼고 무엇이든 한 가지만 간절히 원하면 바람의 길로만 다니는 좀비들과 놀 수

있다

DIY 시간 팩을 하나 산다 미로형으로 완성을 시키면 사방 7백 리의 숲을 걸을 수 있으며 머리가 없고 몸이 새하얀 외짝 신을 신은 사내들을 만날 수 있다 그들은 손안에 외눈이 박혀 있다 그들이 주식으로 사용하는 심야 전기를 나에게도 나누어준 적이 있다

지금까지 보존하던 5천 년 묵은 뿌리를 버리고 새로 5십 년짜리를 산다 이 신종은 흙이나 쇠나 유리 그 어디에서도 잘 자라며 1백 8가지 모양의 잎을 한꺼번에 달고 꽃은 필 때마다 달라서 그 종류와 빛을 헤아릴 수 없다

광화문에서

지겨워, 가로수들이 철망 같은 제 그림자를 온몸에 뒤집어쓰고 있다
(뛰어내릴 빈 곳이 보이지 않는다)

지겨워, 이순신은 제 몸에 찬 긴 칼을 수십 년째 빼지도 못하고 있다
(칼에 밀린 허공에 독이 오른다)

지겨워, 사람들이 기다리던 버스를 따라가다 버스를 지나쳐 뛰어가고 있다
(노란 중앙선과 초록 표지판은 이미 벼랑까지 삼키고 있다)

지겨워, 그림자들이 죽어라 뛰어간다
지겨워, 몸들이 죽어라 그림자에 붙어간다

빌딩의 창들이 달궈진 해를 온몸에 덕지덕지 붙이고 있다

길, 오토바이, 나이키

길은 계속해서 제 속에서 제 몸을 천천히 빼내고 있다
길은 미끈거린다 길에서는 늘 시간의 피비린내가 난다
길은 여기에 서서 멀리까지 간 제 몸을 그리워한다

오토바이는 계속해서 길 끝에서 길 끝으로 탈주한다
오토바이는 항문의 속도로 들끓는다 따가워 매워
오토바이는 길에서는 도저히 발을 떠올릴 수조차 없다

달리는 오토바이 위에서 몸은 계속해서 팽창하고 있다
두 발이 가까스로 남은 눈알처럼 허공을 더듬는다
빛 속에서 생겨난 그림자가 앙상하다
몸보다 커진 심장이 벌컥벌컥 시간의 고삐를 잡고 간다

* 점점 심장은 저보다 커졌죠: 에밀리 디킨슨의 편지.

얼굴이 달린다

거울 속에서 얼굴이 달린다 가도 가도 끝없는 거울이다 거울의 풍경이 바뀌지 않는 것은 안이 온통 사막이기 때문이다 사막은 쉴 새 없이 모래의 기억을 바꾼다 사막은 어디나 한가운데여서 절정이어서 얼굴은 거울과 함께 뜨거워진다 시간의 컨테이너인 얼굴에서 공기가 빠져나간다 눈 코 입이 다 번진다 시간의 소용돌이가 된다 얼굴을 삼키지도 토하지도 않는 거울이 점점 새파래진다 거울 속의 얼굴이 멈춰 있는 것은 너무 빠른 속도로 얼굴이 달리고 있기 때문이다 얼굴 속에 어긋나야만 걸을 수 있는 오른발과 왼발처럼 물과 어둠이 있다

방에 관한 노트
—2005. 5. 9

    방은 거울이다
    방의 어디에서나 내가 보인다
    나는 늘 구석구석의 내가 어리둥절하다

A.M. 5:40
커튼이 쳐진 창밖의 일은 아직 모르다 계속 모를 수도 있다

A.M. 6:30
시동 거는 소리가 들리더니 이내 다시 고요해지다 내 몸에 허공 하나가 움푹 파이다

A.M. 7:50
책을 들여다보다 꺼진 모니터를 들여다보다 백지를 들여다보다 허공을 들여다보다 손안을 들여다보다

    방은 웅크린 새다
    방은 굳어진 소리다

아니다
방은 터지는 몸을 막고 있는 함성이다

A.M. 9:40
바람 부는 소리가 들리다가 햇빛이 떠들다 모두 시간
이다

A.M. 11:20
공기들이 비스듬히 열려 있는 내 몸에 알처럼 슬고
있다 나는 숨을 쉴 수도 없다

P.M. 1:20
방의 적막이 안을 만들고 있다 방바닥에 흐릿한 몸이
비치다 방바닥에 안이 생겨나다 그 안에서도 몸이 흔
들리다

P.M. 3:10
벽이 소리를 꾸역꾸역 삼키다 벽에서 빛의 근육이 자

꾸자꾸 흘러내리다

P.M. 4:55
갠지스
토리노
아시시
지평선호텔
이라고 백지에 연필로 쓰다
사각사각 소리를 내며 몸이 어둑어둑해지다

P.M. 7:05
어둠이 방에 잠겨오다 방의 생각이 깊어지다

P.M. 9:50
계속 커튼을 열지 않다 방문을 남김없이 닫다

    방은 살덩어리다
    들어가면 언제나 물컹하다

울고 싶어진다

P.M. 10:50
몸은 묵묵부답 정신도 묵묵부답 내가 묻지 않았거나
덜 물었거나 또는 저들이 사유하는 중이거나

P.M. 11:40
물이 반 남은 유리병 속으로 밤이 들어가다
내가 들어갈 밤은 보이지 않다

P.M. 11:50
불을 끄고 앉아 천천히 어둠을 위에서 아래로 쓰다듬
다 시간의 흐느낌처럼 툭툭 튀어나온 뼈가 만져지다
뼈에 닿는 손은 언제나 슬프고 두렵다

꽃의 몸을 찾아서

꽃: 뿌리가 밀어낸 죽음 줄기와
가지가 밀어낸 죽음 죽음들

어둠과 햇빛과는 상관없이 꽃이
제 시간으로 시든다 시드는 꽃은
녹물과 똑같은 황색이다

꽃이 진다 살이 아직 달라붙어
녹이 떨어지지 않는다

꽃이라는 말을 쇼윈도라는 말
속에 가두었더니 쇼윈도라는 말
과 꽃이라는 말이 함께 날뛴다

꽃이라는 말을 메일의 임시 보관
함에 저장했더니 너덜너덜해진
햇빛과 바람이 그치지 않고 밀려
든다 그래도 임시 보관함 너머로

넘치지는 않는다

꽃이라는 말을 난간에 올려놓았더니 순식간에 사방에 적막을 끼고 창이라는 말이 된다 길에 던졌더니 깨지는 소리는 나지 않고 낯선 그림자를 따라 뛴다 갈기갈기 찢어진 발가락으로 잘도 뛴다

꽃이라는 말을 밤 속으로 들여보냈더니 말머리를 잡고 밤이 운다

꽃: 더 이상 밀릴 수 없는 벼랑

|해설|

살아 있는 모든 것들은 어둠 쪽으로 깊어진다

문혜원

1. 사막에도 그림자는 있다

이른 아침 교복을 입은 남자 아이가 뛴다 바로 뒤에 엄마로 보이는 중년의 여자가 뛴다 텅 빈 동쪽에서 붉은색 버스 한 대가 미끄러져 들어오고 있다 아직도 양수 안에 담겨 있는지 아이는 몸이 출렁거린다 십수 년째 커지는 아이를 아직도 자궁 밖으로 밀어내지 못했는지 여자의 그림자가 계속 터질 듯하다 그러나 때로 어두운 것은 아름다운 것이다 아니 때로 아름다운 것은 어두운 것이다 그림자는 몸을 밀며 계속 어둡다 깊다 무슨 상징처럼 부풀어오른 검은 비닐봉지가 그림자 안으로 들어간다 그림자와 함께 간다
―「사막에서는 그림자도 장엄하다」 전문

첫 시가 인상적이다. 이 시에는 제목에 있는 '사막'이라는 단어가 나오지 않는다. 사막은 이미 그녀 시의 전제조건 혹은 기본적인 환경이 되어버린 것일까? 두번째 시집 『야후!의 강물에 천 개의 달이 뜬다』(이하 『야후!』로 표기)를 설명한 '전자사막'이라는 말 이후, 이원의 시는 컴퓨터 세대를 대변하는 아이콘처럼 평가되어 왔다. "몸 속에 웹 브라우저를 내장했다"(「몸이 열리고 닫힌다」, 『야후!』)는 그녀 시의 충격적인 구절도 이러한 평가에 한몫을 했을 것이다. 그러나 이러한 평가는 이원 시를 널리 알리는 데 결정적인 역할을 했음에는 틀림이 없지만, 그녀의 시 전부를 포괄하지는 못한다.

시와 연결시켜 말하자면, 이 시 제목의 '사막'은 전자사막이 아니다. 그냥 우리가 사는 삭막하고 팍팍한 생활, 현실 등으로 부드럽게 읽어도 무방하다. 굳이 전자사막을 이야기해야 한다면, 그러한 사막성이 컴퓨터 안에도 있어서 그것을 전자사막이라고 칭하며, 그것은 (당연히) 현실보다도 더 황폐한 불모의 가상공간이며, 전자사막에 익숙해진 사람들이 현실에도 불모증을 퍼뜨린다고 이야기할 수 있을 것이다. 그러나 컴퓨터로 연결된 전자공간은 이제 우리의 생활공간이다. 모니터 앞에 들러붙은 사람들이나 그 사람들을 소재로 시를 쓰는 시인이나, 그 시를 읽는 독자들이나, 컴퓨터가 있기 이전의 세계로 돌아갈 수는 없는 노릇이다. 전자공간의 불모성을 말하는 것만으로는 이제 시가 되지 않는 것이다. 그런 이유에서, 이원의 새로운 시들을 읽는 것은 반갑다.

위의 시에서 시적인 상황은 이렇다. 이른 아침에 교복을 입은 한 아이와 중년의 엄마가 함께 뛴다. 원인은 미끄러져 들어오는 붉은색 버스를 타기 위한 것. 버스 시간을 아슬아슬하게 맞춘 아이가 허겁지겁 뛰어가고 걱정이 된 아이의 엄마가 뒤를 따른다. 아이가 교복을 입을 나이가 되도록 걱정을 놓지 못한 여자와 아직껏 엄마 품을 벗어나지 못한 늦된 아이가 만들어내는 풍경이다. 그 광경에서 시인이 보는 것은 그림자이다. 아이를 담았던 자궁, 아이를 펴냈음에도 미련을 버리지 못하고 아이를 쫓아가는 여자의 그림자. 그러나 그 그림자는 아름답다. 다 자란 아이를 분리시키지 못하는 어미의 미련함조차도 아름다운 것, 세상을 살 만하게 하는 것이다(그러나 그 이유가 모성의 희생성 때문은 아니다. 이원이 발견한 아름다움은 그림자의 깊어가는 어두움 때문이다. 이에 대해서는 뒤에서 말하기로 한다). 만약 이것을, 생명을 품는 것들에 대한 혹은 생명 있는 것들에 대한 동의 혹은 인정이라고 읽는다면, 이것은 전자사막에서 살아가는 방법 혹은 전자사막을 견디는 유일한 힘일 것이다. 『야후!』까지가 전자사막에 대한 이야기였다면, 이번 시집은 그 전자사막에서 살아가는 일에 관한 이야기이다.

2. 쇠붙이가 박힌, 쇠붙이를 녹이는 살

　전자사막과 살아 있는 것들의 대립은, 쇠붙이와 살의 상징적인 대립 구도로 표현된다. 지금까지의 이원의 시가 쇠붙이들에 대해서 말해왔다면, 이번 시집은 쇠붙이를 녹이는 혹은 결국 쇠붙이를 허물어뜨리는 살의 이야기라고 할 수 있다. 일반적으로 보면, 살이 있고 그 살을 살이지 못하게 하는 쇠붙이들이 있을 테지만, 이원의 시에서는 쇠붙이가 먼저 있고 그것에 의해 밀려났던 살이 귀환한다. 그녀 시의 출발점이 최첨단 문명인 컴퓨터 공간이었으므로.
　사람의 살은 물컹한 것(「퀵서비스맨」), 마르지 않은 것(「아파트에서 1」), 진득진득한 것(「나이키 1」, 「아파트에서 3」), 짓무르고 썩어가는 것(「몸 밖에서 몸 안으로」) 이다. 반면에 아파트로 대표되는 건물은 철사와 갈고리 같은 금속성의 물질이 박힌, 딱딱하고 단단한 것들, 썩지 않는 것들이다(「아파트에서 2」). 금속성의 물질들은 사람들의 몸속에 파고들어 몸을 형성하고 있기도 하다. '몸속에 뒤엉켜 있는 철사'(「아파트에서 1」), '몸의 여기저기에 박힌 갈고리'(「아파트에서 2」) 등이 그것이다. 이 모양은 아파트 주민들을 "층층의 정육점에서 뛰쳐나온다"고 표현한 데서 극대화된다(「아파트에서 2」). 아파트가 거대한 철근과 콘크리트로 만들어진 물질이므로, 그곳에 사는 사람들은 철근에 몸을 꿴 채 걸려 있는 정육점의 고기와 같다는 것이다. 어느 누구의 몸을 잡아 뜯어도 그 안에서는 철근과 전선들이 엉켜 나온다. 예나 지금이나, 쇠붙이와 전선을 내장한 몸은 이원 시를 가장 잘 설명해주는 코드이다. 달라진 것이 있다면, 이번 시집에는 몸 안의 그것들을 뜯어내고 잡아 빼는 행위가 등장한다는 것이다.

> 한 남자의 두 손이 한 여자의
> 양쪽 어깨를 잡더니 앞뒤로
> 마구 흔들었다 남자의 손이
> 여자의 살 속으로 쑥쑥 빠졌다
> 여자가 제 몸속에 뒤엉켜 있는
> 철사를 잡아 빼며 울부짖었다
> 소리소리 질렀다
> 여자의 몸에서 마르지 않은
> 시멘트 냄새가 났다
> 꽃 피고 새가 울었다　　　―「아파트에서 1」 전문

남자가 여자의 어깨를 우악스럽게 흔들고, 여자가 울부짖는다. 한눈에 보아도, 몸싸움이 오가는 격렬한 싸움이라는 것을 알 수 있다. 이 격렬한 싸움을, 이원은 "여자의 몸에서 마르지 않은/시멘트 냄새가 났다/꽃 피고 새가 울었다"고 말하고 있다. 그녀는 폭력을 불러온 싸움의 원인이나 남녀의 애증에 대해서는 관심이 없다. 싸움은 오직 살아 있는 것들의 움직임으로서만 의미를 갖는다. 여자를 흔드는 남자의 손과 울부짖는 여자. 그들은 그런 방식으로 소통하고 있는 것이다. 모든 것이 딱딱하고 차갑게 굳어 있는 아파트에서 이것만이 살아 움직이는 광경이다. 이렇게 말할 수 있는 근거는 "남자의 손이/여자의 살 속으로 쑥쑥 빠졌다"와 "여자가 제 몸속에 뒤엉켜 있는/철사를 잡아 빼며 울부짖었다"는 구절에 있다. 갈고리에 박혀 있는 사람들 중에 그들만이 유일하게 살을 감촉하며, 자신의 몸에서 철사를 잡아 뺀다. 그럼으로써 마르지 않음을 유지하는 것이다.

이 지점에서 몸은 쇠붙이가 박혀 있는 피동적인 대상에서 쇠붙이를 품은 적극적인 주체로 새롭게 해석된다. 나아가 몸은 쇠붙이를 녹여서 새로운 무언가를 만들어내는 창조적인 것이다. 칼날이나 갈고리 같은 쇠붙이를 품을 수 있는 것은 말랑말랑하고 물컹한 '몸'뿐이다. 몸은 그 안에 쇠붙이를 품었다가 그것들을 떨어뜨리고(「쇠 난간에서는 비린내가 난다」) 잡아 뺀다(「아파트에서 1」). 흘러내릴 수 있는 것(「모래의 도시」) 역시 몸만의 일이다. 2부에서 몸은 길을 품은 것으로 변주되고 있다. 몸에서 연거푸 뽑혀 나오는 것은 길이다.

자연스럽게 몸의 생명성에 대해서 주목하지 않을 수 없다. 이번 시집에 실린 이원의 시들은 표가 나게 생명 있는 것들에 대한 경사를 나타낸다. 자궁이나 유방, 봉분 등의 명사들과 부풀어오르다, 불룩하다, 둥글다 등의 수식어가 빈번히 사용되는 것에서 일차적인 근거를 찾을 수 있다(특히 2부에 실린 시들이 이러한 소재적인 유사성을 강하게 지니고 있다). 그녀가 자궁을 생명의 원천이자 상징이라고 보는 것은 의심의 여지가 없어 보인다. 「사막에서는 그림자도 장엄하다」 「나이키 1」 「자궁으로 돌아가려 한다」 등에는 자궁이 직접적으로 등장하고, 「비닐봉지가 난다」 「사막에서는 그림자도 장엄하다」 등에 나타나는 '검은 비닐봉지'는 둥글고 팽팽하고 어두우며 불룩한 것이 자궁의 이미지와 거의 동일한 특성을 가지고 있다("검은 비닐봉지 하나가 허공을 난다 울음 속에서 살을 쏙쏙 빼먹으며 난다 활짝 열어놓은 안이 불룩하다 보여주지 않는 안이 팽팽하다" —「비닐봉지가 난다」). 뿐만 아니라 「매트리스, 매트릭스」에서는 주석("매트릭스: 고어로 자궁이라는 뜻이 있다")까지 이용해서 '자궁'에 주목하고 있다. 자궁의 이미지는 유방이나 봉분 같은 이미지로 환치되기도 한다(「자궁으로 돌아가려 한다」 「한 여자가 간다」).

특이한 것은 이러한 생명성이 썩어가는 것과 연계되어 있다는 것이다. 엄마의 젖을 빨고 있는 아이는 순식간에 상하고 검어지고("여자는 오른손으로 아기의 연한 머리통을 감싼다 매장의 시간에 익숙한 여자의 손안에서 아기의 머리통이 녹는다 순식간에 상한다 검어진다" —「자궁으로 돌아가려 한다」), 고양이의 몸이 닿는 곳은 검게 썩어 들어간다("그러나 고양이의 몸이 닿는 곳마다 더 검게 썩어 들어간다" —「매트리스, 매트릭스」). 뿐만 아니라 시간 역시 검어진다("그 자리에 고이는 시간이 순식간에 검어진다" —「자궁으로 돌아가려 한다」). 검어지는 것은 상한 것이고, 현실적으로 보면 부패해서 더 이상 쓸모가 없는 것이다. 그러나 이원의 시에서 썩어 들어감은 쇠붙이와 대비되는 '살아 있는 몸'의 고유한 표지이고, 동시에 자궁의 시간으로 회귀할 수 있는 예비 상태로 지목된다. 썩어서 검어지는 것은 어두워지는 것이고, 이 어둠은 자궁의 본원적인 환경이다. 따라서 검어지거나 상하는 것은 부정적인 의미가 아니라 태초의 자궁으로 돌아가기 위한 조건 혹은 그것으로 회귀하기 시작했음을 알리는 표지인 것이다("몸 섞는 냄새가 나는 곳이 몸 썩는 냄새가 나는 곳이 고향이다" —「매트리스, 매트릭스」).

3. 질주 본능, 어둠을 향해 달리는 것들

살과 관련해서 발견되는 또 다른 특징은 운동과 속도

에 대한 생각이다. 살아 있는 것들의 특징이 '운동'이라는 것은 상식이지만, 이원의 시에서 운동은 그저 움직이는 것이 아니라 자신의 모든 에너지를 투여해서 죽도록 달리는 '질주'이다.

질주에 대한 욕망은 자궁을 찢고 나올 때부터 부여된 본능적인 것이다("그러나 자궁을 찢고 나온 적이 있는 아이들은 속도를 줄이지 않는다"—「나이키 1」). 아이들은 자궁의 어둠 속에서 움직이는 법을 익히고, 그것에 의지해서 자궁을 빠져나온다. 그러므로 운동은 기본적인 실존의 상황이다.

> 한 아이가 달려간다
> 오른팔은 땅을 향해 떨어지고 있고
> (오른손은 손등을 보인 채)
> 왼팔은 팔꿈치가 살짝 안으로 꺾인 채 올라가 있고
> (왼손은 손바닥이 보인 채)
> 오른쪽 다리는 앞으로 들려 있고
> (오른발은 신발 뒤꿈치가 땅에 닿아 있고)
> 왼쪽 다리는 뒤쪽으로 높이 올라가 있고
> (왼발은 허공에 들려 신발 밑창이 다 보이고)
> 단추를 목까지 채운 몸통이
> LPG통처럼 덩그마니 가운데 떠 있고
> 땅바닥으로 그림자가 가스처럼 새어나오고

고개를 약간 쳐든 얼굴은
하늘 쪽으로 둥둥 떠간다

여섯 조각으로 해체된 아이
발은 나이키가 꼭 조이고 있다
—「나이키 2」 전문

 육상 선수의 달리기 장면을 비디오테이프로 천천히 돌려 보듯이, 달리는 한순간이 생생하게 포착되어 있는 시이다. 달려가는 한순간을 포착했으므로, 현재 운동은 멈추어 있다. 그러나 이 장면은 그것 자체가 운동의 흔적과 지속을 느끼게 한다. 마치 달려가는 아이의 거친 숨소리가 들리는 것처럼, 운동하고 있는 대상의 강렬한 움직임이 생생하게 전달된다. 표면상 잠시 정지한 것들도, 이면에서는 운동을 지속하고 있는 것이다.
 이러한 운동성은 벽이나 바닥과 같은 장해물이 있음으로 해서 더욱 탄성을 얻는다. 「나이키 1」에서 아이들은 자신들의 그림자가 비친 벽을 향해 수평으로 달리고 있다. 달릴수록 점점 벽에 가까워지고 그림자도 점점 짧아지며 벽 쪽으로 나아간다("한 무리의 아이들이 자신들의 그림자가 달라붙어 있는 벽을 향해 뛰어간다 [……] 몸에서 떨어져본 적이 없는 그림자도 벽을 계속 밀어낸다 벽 위까지 튕겨 오르던 그림자는 벽을 뛰어넘지는 못한다"). 이원은 여기에 또 다른 '벽'인 눈앞의 하늘과 함성, 발소리 등을 첨가한다. 달리는 아이들은 앞에 놓인 벽까지, 얼굴을 처들고 주위의 함성과 따라오는 발소리들과 싸우며 달려가는 것이다. 그러므로 아이들은 벽을 향해, '벽'을 뚫고 세우고 다시 뚫으며, 전속력으로 달린다. 자궁을 빠져나오는 경험 자체가 벽을 뚫고 나오는 것이므로, 벽과의 싸움은 자연스럽고 본능적이다.

「나이키―절벽」에서 운동은 수평적인 달리기가 아니라 제자리에서 반복해서 뛰는 수직적인 것이다. 운동을 방해하고 있는 것은 수평선상에 존재하는 장해물이 아니라 뛰는 행위의 조건인 콘크리트 바닥이다. 그것이 있음으로 해서 뛰어오르는 것이 가능해지는 필수불가결한 받침. 그러므로 그것은 운동의 방해 요인이면서 동시에 운동을 지속시키는 가장 중요한 환경이다("무너진 벽을 탕탕 튕기며 아이들은 아래에서 위로 뛰어오른다 뜨거운 것에 데인 듯이 한자리에서 펄쩍펄쩍 뛰어오른다"). 같은 자리에서 반복해서 뛰어오를수록 그 자리가 깊어진다. 누워 있는 벽인 바닥은 한없이 깊어져서 '절벽'이 된다. 뛰어오르는 행위가 반복되면서 그 자리에 어둠을 만들어낸다. 야생의 것들, 근원적인 자궁을 향한 어둠이다. 절벽은 그러한 운동의 행위가 안으로 깊어짐을 보여주는 것이다.

다시 말하자면, 운동은 자궁에 있을 때부터 있었던 본

능이고, 그러한 본능적인 속성들이 현실에서는 달리거나 뛰는 행위로 나타나는 것이다. 오토바이가 중요한 소재로 등장하는 것도 그 때문이다(「오토바이」「퀵서비스맨」「폭주족들」「영웅」). 죽도록 달릴 때만 그들은 살아 있음을 느낀다("멈춘 퀵서비스맨의 심장이 펄떡거린다 심장은 아직 붉다 물컹하다"—「퀵서비스맨」, "휘발되지 않으려면 질주해야 한다"—「폭주족들」). 오토바이는 지상에서 탈출하고 싶은 청춘들의 상징이지만, 그것으로 끝나지는 않는다. 질주하는 몸들은 사실상 "공포로 가득 찬 몸"(「거울을 위하여」)이다. 이것은 다분히 이상(李箱)적이다. 이상의 시「오감도 시 제1호」에 나타나는 질주가 공포를 벗어나기 위해 달려가는 것이라면, 이원의 시에서 질주는 사실상 특정한 방향을 향하고 있다는 면에서 그것과는 구별된다. 오토바이가 달려감에 따라 길이 팽창하고 아파트와 차들과 표지판이 오토바이에 붙었다가 사라진다. 그리고 그 길 끝에는 허공이 매달려 있다. 허공은 길의 끝이며 모든 길이 수렴되는 고향이다. 그런 면에서 자궁과 허공은 서로 닮은 데가 있다("길은 자궁에 연결되어 있는 탯줄이야"—「영웅」).

질주의 끝에는 자궁의 어두운 세계가 있다. 바람에 날리는 검은 비닐봉지나 전속력으로 질주하는 오토바이맨의 점퍼 모양이 둥그렇게 나타나는 것은 상징적이다. 그것들은 결국 속도와 질주의 끝이 둥그런 어둠의 세계를 지향하고 있음을 보여주는 것이다.

4. 꽃은 생명의 벼랑에서 피어난다

그러나 다른 한편으로 이원의 시는 여전히 이전의 시들과 유사한 상상력을 보여준다. "내 몸속에서 꺼지지 않는 TV"(「검고 불룩한 TV와 나」)의 몸은 웹 브라우저를 내장하거나(「몸이 열리고 닫힌다」, 『야후!』) 플러그를 꽂고 컴퓨터 칩을 장착한 (「거리에서」, 『그들이 지구를 지배했을 때』) 이전의 몸과 별반 다르지 않다. 실제로 이원은 시의 제목이나 소재, 상상력, 시의 형태 등에서 자신의 이전 시들을 의도적으로 복제하고 있다. 의식적인 자기 복제성은 이원의 시를 설명하는 중요한 코드이다. 그러나 복제인간과 원본이 차이가 있듯이, 이원의 자기 복제된 시 또한 원본과 같은 유전자를 가지고 있으면서도 그것과는 구별되는 특징들을 가지고 있다.

　　나는 마우스 위에 오른손을 얹고 있다
　　내 몸의 일부는 적막에 묻혀 있고
　　내 몸의 일부는 바람에 붙어 있고
　　내 몸의 일부는 지워졌고
　　내 몸의 일부는 그가 떼어갔고

내 몸의 일부는 꺼진 모니터 속에 들어가 있다

그러나 마우스가 여자의 얼굴 속에 들어가 있어도
여자의 한쪽 눈과 콧구멍 하나는 얼굴 밖의 세계를 벌름거리고
내가 마우스 위에 온전한 손을 얹고 있어도
여자와 마우스는 따뜻해지지 않고
그러나 마우스는 피카소의 여자 속에
나는 마우스의 등 위에 손을 얹고 있다
(김종삼의 묵화처럼, 소의 잔등처럼, 지금은 저물녘이다)
——「마우스와 손이 있는 정물」부분

집 속에 있는 것은 마우스와 나뿐이다. 마우스는 광활한 전자공간을 불러오기 직전의 대기 상태에 있고, 내 손은 그 위에 얹혀 있다. 그러나 이 시에서 마우스는 도구로서 있는 것이 아니라(아마도 마우스패드에 그려져 있는) 피카소의 여자 그림처럼, 무심한 하나의 사물이다. 클릭하기 전의 마우스는 무심코 손을 얹은 탁자나 의자처럼, 나의 손을 얹어놓은 받침일 뿐이다("의심을 모르는 마우스는 긴 꼬리를 달고 있다/역시 의심을 모르는 꼬리는 마우스를 두고/책상을 가로질러 허공으로 사라진다/(거기 어둠이 있다)"). 마우스패드 위에 놓인 마우스, 그 위에 손을 얹은 모양을, 이원은 '김종삼의 묵화 같다'고 말한다.

물 먹는 소 목덜미에
할머니 손이 얹혀졌다
이 하루도
함께 지났다고
서로 발잔등이 부었다고.
서로 적막하다고.　　　　　　—김종삼,「묵화」

　신산한 삶의 하루를 같이 보낸 할머니와 소. 사람과 대상이 하나로 융화된 모습이 그보다 더 아름다울 수는 없는 그림 같은 시. 소재가 된 '묵화'도 적막하고, 그것을 소재로 쓴 시도 적막하고, 그것을 바라보는 시인의 마음자리도 적막하다. 그 적막함을 이원은 마우스에 손을 올려놓고 경험하고 있는 것이다. 이것을 진심으로 보아야 할까, 패러디로 보아야 할까?
　마우스가 여자의 얼굴 속에 들어가 있어도 여자의 한쪽 눈과 콧구멍이 남고, 내가 마우스 위에 손을 얹어도 여자와 마우스가 따뜻해지지 않는다는 것으로 보아, 마우스패드 속의 여자와 마우스와 그리고 '나'는 정(情)으로 통할 수 없는 이질적인 조합임을 알 수 있다. 그러나 마우스에 손을 얹은 '나'의 모습을 '김종삼의 묵화 같다'고 표현하는 시인의 정확한 생각을 알아내기는 쉽지 않다. 마우스에 손을 얹은 모양이「묵화」속의 할머니와

소의 관계처럼 자연스럽고 친근하며 그것이 거부할 수 없는 현대인들의 삶의 모습이라고 말하는 것인지, 아니면 「묵화」가 보여주는 적막하지만 아름다운 소통의 세계가 더 이상은 존재하지 않음을 비판하고 있는 것인지 정확하지 않다는 것이다. 이원은 한편으로는 전자공간에 잘 어울리는 모니터킨트인 듯하고, 한편으로는 그것에 대해 비판을 가하는 것처럼 보인다. 추정하건대, 시인은 전자공간에 완전히 흡수되지 못하고 거리감을 가지면서도, 그것이 삶 속에 깊숙이 들어와 있는 현실을 부정할 수는 없음을 인정하는 것처럼 보인다. 그러한 추정을 가능하게 하는 시 한 편을 보자.

　　꽃: 뿌리가 밀어낸 죽음 줄기와
　　가지가 밀어낸 죽음 죽음들

　　어둠과 햇빛과는 상관없이 꽃이
　　제 시간으로 시든다 시드는 꽃은
　　녹물과 똑같은 황색이다

　　꽃이 진다 살이 아직 달라붙어
　　녹이 떨어지지 않는다

　　꽃이라는 말을 쇼윈도라는 말

속에 가두었더니 쇼윈도라는 말
과 꽃이라는 말이 함께 날뛴다

꽃이라는 말을 메일의 임시 보관
함에 저장했더니 너덜너덜해진
햇빛과 바람이 그치지 않고 밀려
든다 그래도 임시 보관함 너머로
넘치지는 않는다

꽃이라는 말을 난간에 올려놓았
더니 순식간에 사방에 적막을
끼고 창이라는 말이 된다 길에
던졌더니 깨지는 소리는 나지
않고 낯선 그림자를 따라 뛴다
갈기갈기 찢어진 발가락으로 잘
도 뛴다

꽃이라는 말을 밤 속으로 들여
보냈더니 말머리를 잡고 밤이
운다

꽃: 더 이상 밀릴 수 없는 벼랑
───「꽃의 몸을 찾아서」 전문

김춘수의 시적인 화두인 '꽃'의 21세기식 변용이라 할 수 있는 시이다. "꽃이라는 말을 밤 속으로 들여보냈더니〔……〕밤이 운다"는 김춘수의 「꽃을 위한 서시」의 한 구절 "눈시울에 젖어드는 이 무명(無名)의 어둠에/추억(追憶)의 한 접시 불을 밝히고/나는 한밤 내 운다"를 연상시킨다. 김춘수의 시에서 한밤 내 우는 행위는 사물(꽃)의 본질을 탐구하려는 시인(주체)의 행위이지만, 이원의 시에서 '꽃'이라는 말의 머리를 잡고 우는 것은 '밤'이다. 꽃의 본질을 찾기 위한 행위 역시 컴퓨터 세대답게 전자메일의 임시 보관함에 저장하는 것으로 바뀐다. '꽃'이라는 단어를 컴퓨터로 검색하면 고전적인 꽃의 정의가 뒤따라 나온다. 자연적인 식물로서의 꽃. 햇빛과 바람을 받고 물과 양분을 뿌리에서 흡수해서 살아가는 생명체로서의 꽃이다. 그러나 그러한 개념 규정은 현재에 이르러서는 아무런 의미도 되지 못한다. '너덜너덜해진' 것이다. 이런 부분에서 '꽃'은 분명히 기존의 의미 맥락에 놓여 있는 것이 아니라는 점이 드러난다.

1연에서 꽃은 "뿌리가 밀어낸 죽음 줄기와 가지가 밀어낸 죽음"이고, 마지막 연에서는 "더 이상 밀릴 수 없는 벼랑"이라고 표현된다. 이것은 꽃의 생물학적인 탄생을 말한 것이다. 뿌리로부터 전달된 생명력이 줄기와 가지로 밀려 올라가다가 더 이상 갈 곳이 없는 정점에서 꽃은 판다. (이 부분은 김수영의 「꽃 2」의 "꽃이 피어나는 순간/푸르고 연하고 길기만 한 가지와 줄기의 내면은/완전한 공허를 끝마치고 있었던 것이다"라는 구절을 연상시킨다.) 이 생명력의 정점을 이원은 역설적으로 '죽음'이라고 표현하고 있다. 근원적인 상태는 죽음이고, 그것이 현상의 세계에서 표출된 형태가 가지이며 줄기이며 꽃인 것이다. 이것이 이원이 잠정적으로 내리고 있는 결론이다. 이는 마치 살아 있는 것들이 그리고 질주가 자궁의 어둠을 지향하는 것과 유사하다(그런 면에서 죽음은 삶과 반대되는 것이 아니라 삶을 품고 있는 어두운 모태와도 같은 것이다).

이 시는 이원이 현상 너머의 어떤 것을 찾고 있음을 보여준다. 전자공간으로 상징되는 현실이 불모와 편리함이라는 양면성을 가진 것이라면, 이원은 그러한 현실을 인정하되 그 너머의 것을 들여다보고자 하는 것이다. 모니터와 플러그, 마우스의 세계가 물리칠 수 없는 매혹의 현상 세계라면, 그것들이 도구가 아닌 하나의 사물로서 존재하는 것이 그 너머의 세계이다. '나는 클릭한다 고로 나는 존재한다'라는 감각적인 발언(『야후!』)이 '나는 부재한다 고로 나는 존재한다'라는 철학적인 뉘앙스를 풍기는 구절로 바뀐 것은 그래서 상징적이다.

그러나 이러한 변화는 아직 특정한 철학적인 사유를 동반하고 있지는 않다. 다만 현상 너머의 것을 보기 위한 여러 가지 시도들을 볼 수 있을 뿐이다. 허공과 길, 벽, 그림자, 거울, 얼굴 등은 새로운 변화를 모색하는 키워드들이다. 그중에서도 그림자와 거울은 이원 시의 변화를 설명하는 중요한 단어임에 틀림없다. 그림자가 몸 안에 겹쳐져 있다가 밖을 향해 빠져나오는 것이라면, 거울은 몸의 밖에서 안으로 들어가는 통로와 같은 것이다. 그러나 이것들이 가지는 시적인 의미는 아직 명료하지 않아 보인다. 변화는 완성된 것이 아니라 현재 진행 중에 있다. 이원은 자신의 시가 '전자사막'이라는 말로 고정되어버릴 위험성이 있다는 것을 누구보다도 잘 알고 있다. 이번 시집은 이원이 그러한 자기 한계를 어떻게 극복해 나가는가를 보여주는 중간 결산이다.